Sviatoslav Richter
Published by John Hunt.
Designed by Richard Chluparty
© 1999 John Hunt
reprinted 2009
ISBN 978-1-901395-99-0

Sole distributors:
Travis & Emery,
17 Cecil Court,
London, WC2N 4EZ,
United Kingdom.
(+44) 20 7 459 2129.
sales@travis-and-emery.com

sviatoslav richter

pianist of the century

discography compiled by
john hunt

Acknowledgement: these publications have been made possible by contributions or by advance 3-volume subscriptions from

Masakasu Abe	Richard Ames
Stefano Angeloni	Stathis Arfanis
Yoshihiro Asada	Jack Atkinson
E. C. Blake	Andreas Brandmair
Peter Buescher	Eduardo Chibas
Siam Chowkwanyun	Robert Christoforides
Robert Dandois	F. De Vilder
Richard Dennis	John Derry
Hans-Peter Ebner	Henry Fogel
Peter Fu	Nobuo Fukumoto
Peter Fulop	James Giles
Jens Golumbus	Jean-Pierre Goossens
Johann Gratz	A. G. Greenburgh
Peter Hamann	James Hansford
Michael Harris	Tadashi Hasegawa
Naoya Hirabayashi	Don Hodgman
Martin Holland	John T. Hughes
Bodo Igesz	Richard Igler
Andrew Keener	Koji Kinoshita
Detlef Kissmann	Bent Klovborg
Kathryn Lanford	John Larsen
Ernst Lumpe	Elisabeth Legge-Schwarzkopf DBE
John Mallinson	Carlo Marinelli
Ryosuke Masuda	Finn Moeller Larsen
Jean-Michel Molkhou	Philip Moores
Bruce Morrison	W. Moyle
Alan Newcombe	Hugh Palmer
Jim Parsons	Laurence Pateman
James Pearson	Johann Christian Petersen
Tully Potter	Patrick Russell
Yves Saillard	Jorge Monteiro dos Santos
Neville Sumpter	Ian Sutcliffe
Yoshihiko Suzuki	Michael Tanner
H. A. Van Dijk	Mario Vicentini
Hiromitsu Wada	Urs Weber
Michael Wierer	Nigel Wood
G. Wright	Ken Wyman

drawing by brian pinder

Introduction

Of the three most remarkable pianists who I was lucky enough to hear in the concert hall - Wilhelm Kempff, Vladimir Horowitz and Sviatoslav Richter - it is the last-named whose London performances I was able to experience on the most extensive and regular basis.

Notwithstanding the fact that Richter had a reputation for frequently cancelling his scheduled appearances, I attended a high proportion of those recitals, from his 1961 London début right through till 1993, also taking in concerts in Salzburg, Lucerne and Eton.

This present documentation of Richter's studio and published concert recordings reveals a range of amazing catholicity in spite, or perhaps because of, his avowed aversion to exploring complete cycles or sets of works. There are no integral Beethoven, Mozart or Schubert sonata cycles; and even in areas where Richter has demonstrated particular affinity (like Schumann or his compatriot Rachmaninov), there are some surprising gaps. The general consensus of opinion is that this is but a small price to pay for the extraordinary powers of penetration which Sviatoslav Richter brings to bear in his chosen fields. And what other major concert pianist of a stature really comparable to Richter's has taken the accompanist's role in Lieder cycles as differing in style as Schubert's Winterreise and Brahms' Schöne Magelone ?

Bruno Monsaingeon's documentary film "Richter the Enigma", which is available in video format from Warner/NVC Arts (3984 230293), explains, with its valuable footage of the pianist in conversation, much of Richter's modesty and his own indifference to pleasing his audience: if they enjoy his best efforts, that is a bonus - but the ultimate judge of success is the artist himself !

Nevertheless I feel that among the recordings there must be some with which Richter himself must have felt more than a passing satisfaction - Rachmaninov Second Concerto, Mussorgsky Pictures, Schumann Fantasy or Schubert Wanderer Fantasy perhaps ? And mention of Schubert reminds us of Richter's massive contribution in revealing the real world of those piano sonatas, in which unresolved tensions and unfulfilled harmonies bring the listener to the very abyss of desolation or torment. No other interpretive artist has, in my view, be it singer, instrumentalist or conductor, plumbed those depths with such gripping determination.

I would also like to make a special defence for Richter's playing of Mozart, both in the concertos and solo compositions. He confesses to his own misgivings about his ability to fully understand Mozart, yet by avoiding over-sophistication, which in other hands can result in too much emphasis being given to the feminine aspects of Mozart's oeuvre, Richter presents the listener with a picture of high ideals and integrity almost as palpable as Beethoven's.

My interest in a Richter discography dates back to the pioneering efforts of Falk Schwarz and John Berrie, which appeared in 1984 in the National Sound Archive's journal "Recorded Sound". Around 1990 Peter Taylor very kindly brought to my attention Falk Schwarz's Concertography (CD discography and List of Repertoire), and subsequently I have found on the Internet valuable listings by Paul Geffen and Ates Tanin - these latter sources have helped to date precisely many published Richter performances which even Philips Classics confessed to not being able to pinpoint (see the letters page of Gramophone, February 1999, p.8).

Although in the past my discographies have attempted to embrace even Japanese catalogue numbers, the profligity of these (constant re-packaging and re-numbering of material already in their catalogues) renders this a herculean task from which I have shied away. Suffice it to say that there can be assumed to be multiple Japanese editions of most of the output of the major Western record companies. In the case of Sviatoslav Richter, however, Japanese enthusiasm has resulted in many items being published in that territory only. These are mainly CDs, which must of course be included in the discography, but there is also the matter of the series of live recordings of Richter's 1960 Carnegie Hall recitals: so far there is no CD re-issue, and certain items appeared on LP in Japan only ! Those Japanese LP numbers must certainly be taken into consideration. The circumstances concerning publication of those recitals by CBS is discussed by Jed Distler in the Winter 1996 issue (p.38) of International Classical Record Collector.

How many times in discussion with readers must I emphasise that no discography can be definitive. The more prominent or significant the artist, the truer this will be. In Richter's case in particular, there remains a vast archive of recorded material, collected by dedicated enthusiasts and broadcasting institutions, which will in the future probably see the light of day. My discography attempts simply to summarise the position regarding publications to date, including valuable video material (some so far in Japan only, and some in excerpt form only - as in Bruno Monsaingeon's indispensible film).

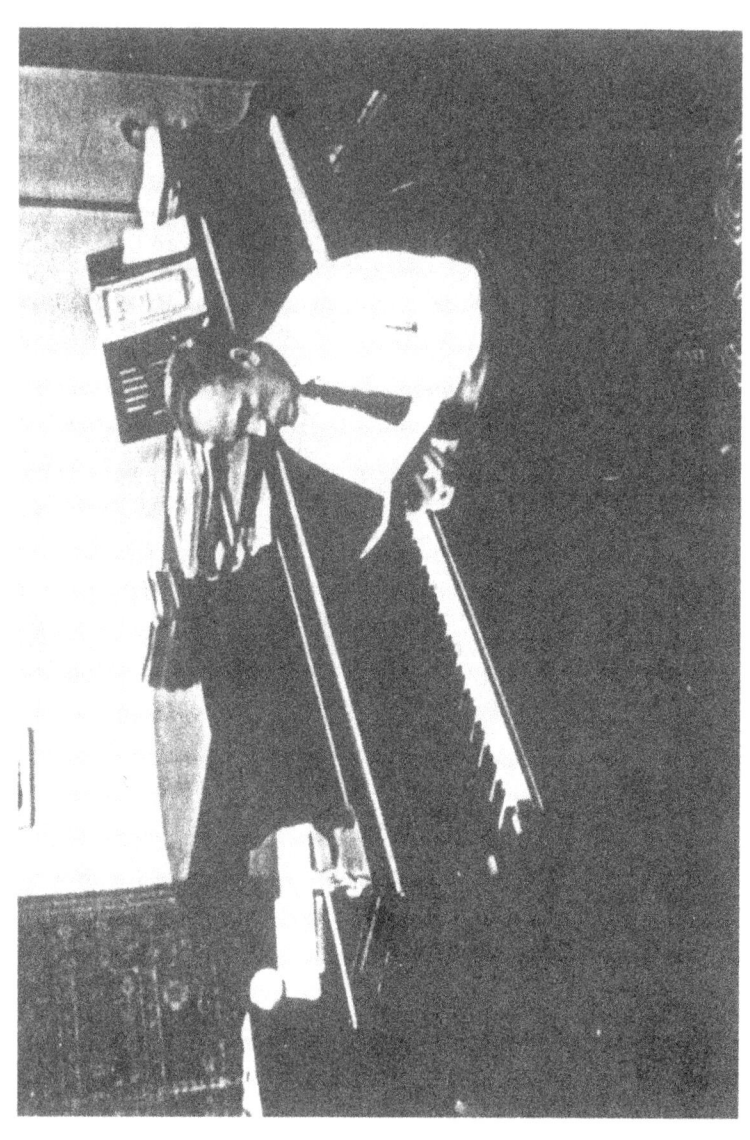

JOHANN SEBASTIAN BACH (1685-1750)

concerto in d minor bwv 1052

prague
9 june
1954
	czech po
	talich
		lp: supraphon LPV 262/LPV 487/
		    SUA 10155/SUA 10269/
		    VM 2199-2202/LKS 30009/
		    B30R 0020/DV 5364
		lp: artia ALP 123/ALP 166
		lp: eurodisc XDK 87149
		lp: eterna 820 582
		lp: oiseau-lyre 50138
		lp: dell' arte DA 9018
		cd: melodram MEL 18029
		cd: supraphon 11 19062
		<u>first movement</u>
		lp: supraphon 10404-10405
		<u>probably richter's first recording
		session outside ussr</u>

moscow
22 april
1955
	ussr so
	sanderling
		lp: melodiya D2687-2688/
		    D07749-07750/M10 07749 003
		lp: parlophone PMA 1037
		lp: eurodisc XAK 85728
		lp: bruno BR 14033
		lp: colosseum CRLP 250
		lp: everest SDBR 3415
		lp: monitor MC 2002/MCS 2050
		lp: musidisc RC 860
		lp: parliament WGM 3
		lp: period 1163
		lp: vox STLP 513 410/VSPS 2/
		    RGPST 03001
		cd: rca/bmg 74321 294602/
		    74321 294612
		<u>orchestra and conductor incorrectly
		described by musidisc as moscow
		chamber orchestra and barshai</u>

moscow 28 march 1978	conservatoire orchestra nikolaevsky	laserdisc: crown (japan) CRLB 55004

<u>excerpt from a performance of the concerto dated tours 1978 on warner/
nvc arts vhs video 3984 230293</u>

concerto in d bwv 1054

parma 3 october 1993	orchestra di padova e del venito bashmet	cd: teldec 4509 942452

concerto in g minor bwv 1058

parma 3 october 1993	orchestra di padova e del venito bashmet	cd: teldec 4509 942452

concerto for 2 keyboards in c bwv 1061

moscow
21 december
1959
	wedernikov
	moscow co
	barshai
		lp: melodiya D07749-07750/
		   M10 07749 003
		lp: eurodisc XAK 85728
		lp: everest SDBR 3145
		lp: musidisc RC 860
		cd: rca/bmg 74321 294612/
		   74321 294602

brandenburg concerto no 5

moscow 28 march 1978	conservatoire orchestra kagaan, nikolaevsky	laserdisc: crown (japan) CRLB 55004

adagio and fugue bwv 968

bonn 3 july 1993	cd: live classics LCL 471

das wohltemperierte klavier, book 1

moscow
20-21
april
1969

cd: revelation RV 20003

salzburg
21-31
july
1970

lp: melodiya CM 02987-02992/
    C10 02987 002
lp: emi 1C165 95549-95551/
    2C165 95549-95551/
    3C165 95549-95551
lp: angel 4119
lp: eurodisc XGK 80651
lp: eterna 826 602-826 604/
    826 781-826 783
lp: ricordi AOCL 516.001
cd: eurodisc 610 276.234
cd: rca/bmg GD 60949
excerpts
lp: eurodisc XBK 25296
also issued by victor in japan

das wohltemperierte klavier, nos. 1, 4, 5, 6 and 8

florence
23 october
1962

lp: dg LPM 18 950/SLPM 138 950/
    2548 286
cd: dg 447 3552/457 6672

undated excerpt from prelude in g of book 1 on vhs video warner/nvc arts 3984 230293

das wohltemperierte klavier, book 2

salzburg
29 august-
6 september
1972 and
vienna
25 february-
7 march
1973

lp: melodiya CM 04213-04218/
    C10 04213 002
lp: emi 1C165 95552-95554/
    2C165 95552-95554/
    3C165 95552-95554
lp: angel 4120
lp: eurodisc XGK 85629
lp: chant du monde LDX 78528-78530
lp: eterna 826 791-826 793
lp: musical heritage MHS 83414
lp: ricordi AOCL 516.001
cd: eurodisc 610 276.234
cd: rca/bmg GD 60949
<u>also issued by victor in japan</u>

concerto in the italian style

moscow
14 october
1948

lp: melodiya D17703-17704
cd: rca/bmg 74321 251782/
    74321 251722

tours
june
1991

cd: stradivarius STR 33323/
    STR 33354

kempten
2 november
1991

cd: live classics LCL 421

neumarkt
8 november
1991

cd: philips 438 6132/442 4642
<u>excerpts</u>
cd: philips 454 1662/454 1682

english suite no 1

tours
june
1991

cd: stradivarius STR 33333/
STR 33354

english suite no 3

moscow
19 december
1948

lp: melodiya D30267-30268/
M10 30267 003
cd: rca/bmg 74321 294612/
74321 294602

bonn
5 march
1991

cd: philips 438 6132/442 4642

milan
june
1991

cd: ermitage ERM 422

tours
june
1991

cd: stradivarius STR 33333/
STR 33354

english suite no 4

bonn
5 march
1991

cd: philips 438 6132/442 4642

hradek
kralowe
9 april
1991

cd: stradivarius STR 33334/
STR 33354

english suite no 6

bonn
5 march
1991

cd: philips 438 6132/442 4642

hradek
kralowe
9 april
1991

cd: stradivarius STR 33334/
STR 33354

french suite no 2

dublin
16 november
1968

lp: rococo 2146

bonn
7-10 march
1991

cd: philips 438 6132/442 4642

budapest
6 june
1991

cd: stradivarius STR 33335/
STR 33354

french suite no 4

bonn
7-10 march
1991

cd: philips 438 6132/442 4642

budapest
6 june
1991

cd: stradivarius STR 33335/
STR 33354

french suite no 6

bonn
7-10 march
1991

cd: philips 438 6132/442 4642

partita in b minor

bonn
7-10 march
1991

cd: philips 438 6132/442 4642

fantasia in c minor

kempten
2 november
1991

cd: live classics LCL 421

neumarkt
8 november
1991

cd: philips 438 6132/442 4642/
454 1662/454 1702

wels
14 november
1991

cd: stradivarius STR 33335/
STR 33354

bonn
3 july
1993

cd: live classics LCL 471

fantasia in c

bonn
3 july
1993

cd: live classics LCL 471

fantasia and fugue in a minor

moscow
14 october
1948

lp: melodiya D17703-17704
cd: rca/bmg 74321 251782

undated excerpt from this work on vhs video warner/nvc arts 3984 230293

capriccio in e

tours
june
1991

cd: stradivarius STR 33323/
STR 33354

kempten
2 november
1991

cd: live classics LCL 421

capriccio on the departure of a beloved brother

schliersee
1 july
1994

cd: live classics LCL 461

4 duets

tours
19-26 june
1991

cd: stradivarius STR 33323/
STR 33354

kempten
2 november
1991

cd: live classics LCL 421

neumarkt
8 november
1991

cd: philips 438 6132/442 4642

allegro from prelude fugue and allegro in e flat

bonn
3 july
1993
    cd: live classics LCL 471

sonata in d

tours
19-26 june
1991
    cd: stradivarius STR 33323/
        STR 33354

kempten
2 november
1991
    cd: live classics LCL 421

sonata in d minor

france
june
1991
    cd: stradivarius STR 33323/
        STR 33354

kempten
2 november
1991
    cd: live classics LCL 421

sonata in a for violin and keyboard

moscow   barinova   lp: melodiya M10 30267 003
1952   cd: tales of russia RCD 16223

sonata in g for violin and keyboard

moscow   barinova   78: melodiya 21412-21415
1952   lp: melodiya D1123-1124/
                                                 D030267-030268/
                                                 M10 30267 003
                                                 cd: tales of russia RCD 16223

toccata in d

kempten				cd: live classics LCL 421
2 november
1991

neumarkt			cd: philips 438 6132/442 4642
8 november
1991

wels				cd: stradivarius STR 33335/
14 november			STR 33354
1991

toccata in g

neumarkt			cd: philips 438 6132/442 4642
8 november
1991

kommt seelen dieser tag, aria from schemelli gesangbuch

moscow				lp: melodiya D9307-9308/
1953				D026457-026458

so oft ich meine tabakspfeife, aria from anna magdalena notenbuch

moscow				lp: melodiya D9307-9308/
1953				D026457-026458

another group of 6 arias appeared on melodiya lp M10 48017 000 dated 14 october 1948

WILHELM FRIEDEMANN BACH (1710-1784)

sonata in d minor, arranged by j.s. bach

tours
19-26 june
1991

cd: stradivarius STR 33323/
STR 33354

BELA BARTOK (1881-1945)

piano concerto no 2

royan 2 april 1967	orchestre national iwaki	cd: stradivarius STR 10024-10026
moscow august 1968	ussr so svetlanov	cd: as-disc AS 324 cd: revelation RV 10093 <u>revelation incorrectly dated 6 may 1967</u>

paris
28-31
october
1969
	orchestre
	de paris
	maazel
		lp: emi ASD 2744/1C063 02161/
		    2C065 02161/3C065 02161
		lp: angel 36801
		lp: melodiya CM 03121-03122/
		    C10 03121 002
		cd: emi CZS 568 6372

<u>a performance of the concerto described as budapest 1958 was announced
by philips but not published</u>

15 hungarian peasant songs

moscow
19 march
1972
	lp: melodiya C10 05441-05442/
	    C10 05441 007
	lp: eurodisc MK 87955
	lp: chant du monde LDX 78673
	lp: columbia (usa) M 36712
	cd: rca/bmg 74321 294652/
	    74321 294602

3 burlesques

vienna 20 february 1989	cd: decca 436 4512/458 8072
london 20 march 1989	cd: philips 442 4592

violin sonata no 1

moscow
19 march
1972
	oistrakh	lp: emi ASD 3105
		lp: melodiya C1005003-100504/
		    C10 05441-05442/
		    C10 05441 007
		lp: eurodisc MK 87955/XRK 27315
		lp: chant du monde LDX 78673
		lp: columbia (usa) M 36712
		cd: rca/bmg 74321 341822/
		    74321 407102
		also issued by victor in japan

salzburg 20 august 1972	oistrakh	lp: rococo 2111 cd: orfeo C489 981B

sonata for 2 pianos and percussion

tours 7 july 1985	lobanov, barkov, snegirev	cd: philips 420 1572

LUDWIG VAN BEETHOVEN (1770-1827)

piano concerto no 1

brno 18 december 1956	brno po bakala	cd: praga PR 254024/CMX 354001
boston 1 november 1960	boston so munch	cd: as-disc AS 335-336
boston 2-3 november 1960	boston so munch	lp: victor LM 2544/LM 6097/ LSC 2544/LSC 6097/RB 16280/ SB 2149/VICS 1478 lp: melodiya D010025-010026 cd: rca/bmg GD 86804
prague 21 june 1962	czech po ancerl	cd: preludio PRL 2157
moscow 1962-1963	moscow po kondrashin	cd: russian disc RDCD 11041
flensburg 7 june 1988	schleswig- holstein festival orchestra eschenbach	cd: rca/bmg 09026 615342

piano concerto no 3

warsaw 5 november 1954	warsaw po rowicki	lp: replica RPL 2477
brno 18 december 1956	brno po bakala	cd: praga PR 254024/CMX 354001
prague 21 june 1962	czech po ancerl	cd: preludio PRL 2157

vienna
28-30
september
1962
	vienna so
	sanderling
		lp: dg LPM 18 848/SLPM 138 848/
		    SLPE 133 269/2535 107
		lp: melodiya D011273-011274/
		    C0475-0476/C10 00475 005
		cd: dg 427 1982

moscow 1962-1963	moscow po kondrashin	cd: russian disc RDCD 11041

london
19-20
september
1977
	philharmonia
	muti
		lp: emi ASD 3543/1C063 03243/
		    2C065 03243/3C065 03243
		lp: angel 37512/34717
		cd: emi CDM 769 0132/CDM 764 7502/
		    CZS 767 1972

a version of the concerto conducted by abendroth is announced for publication by parnassus; a version with rai milano orchestra conducted by pedrotti dated 15 november 1962 may also survive

rondo in b flat

moscow 1962	moscow youth so kondrashin	cd: music and arts CD 775

vienna
28-30
september
1962
	vienna so
	sanderling
		lp: dg LPM 18 848/SLPM 138 848/
		    135 059/135 122/2535 107/
		    2548 106/2705 014/2721 204
		lp: melodiya D011273-011274/
		    C0475-0476
		lp: philips H71 AX221
		cd: dg 429 9182/453 7072

triple concerto

berlin
15-17
september
1969
	oistrakh,
	rostropovich
	bpo
	karajan
		lp: emi ASD 2582/1C063 02042/
		    2C065 02042/3C065 02042
		lp: angel 36727
		lp: melodiya CM 02021-02022
		lp: supraphon SV 11 00898
		lp: eterna 826 226
		cd: emi CDM 764 7442/CDM 769 0322/
		    CDM 566 0922/CDM 566 1122/
		    CDM 566 2192/CDM 566 9022

moscow 5 january 1970	oistrakh, rostropovich moscow po kondrashin	laserdisc: emi LDB 491 3011 vhs video: emi MVD 491 3013 <u>excerpts</u> cd: emi CZS 572 0162 vhs video: warner/nvc arts 3984 230293

choral fantasy

moscow
1952
	moscow radio
	orchestra
	state academy
	sanderling
		lp: melodiya D0931-0932/
		    M10 10851 009
		lp: eurodisc XD 27920
		lp: bruno BR 14046
		lp: clarence 4005
		lp: colosseum CRLP 255
		lp: joker SM 1084
		lp: monitor MC 2060
		lp: musicart MV 10008
		lp: period 1163
		cd: rca/bmg 74321 294622/
		    74321 294602

andante favori

salzburg 26 august 1977	lp: rococo 2146 cd: music and arts CD 1019 cd: orfeo C491 981B
london 19-20 september 1977	lp: emi ASD 3543/1C063 03243/ 2C065 03243/3C065 03243 lp: angel 37512/34717 lp: melodiya C10 15203 001 cd: emi CMS 764 4292 cd: philips 456 9492

rondo in c

prague 5 may 1986	cd: praga PR 254060/CMX 354001
amsterdam 17 june 1986	cd: philips 438 6242/442 4642/ 454 1662/454 1692
11 february 1991	cd: live classics LCL 471

rondo in g

prague 5 may 1986	cd: praga PR 254060/CMX 354001
amsterdam 17 june 1986	cd: philips 438 6242/442 4642
heide 3 july 1986	lp: bayer BR 34101

bagatelles op 33 nos 3 and 5

moscow
august
1959

lp: melodiya D10909-109110/
    D05490-05491/M10 05490 004
lp: emi 3C053 97785
lp: eurodisc KK 74597
lp: artia ALP 162
lp: bruno BR 14046
lp: philips SM 88299DY
lp: musicart MV 10008
lp: melodiya (netherlands)
    OSD 8003-8004
cd: rca/bmg 74321 294622/
    74321 294602

bagatelles op 119 nos 2, 7 and 9

moscow
august
1959

lp: melodiya D10909-10910/
    D05490-5491/M10 05490 004
lp: emi 3C053 97785
lp: eurodisc KK 74597
lp: artia ALP 162
lp: musicart MV 10008
lp: melodiya (netherlands)
    OSD 8003-8004
cd: rca/bmg 74321 294622/
    74321 294602

bagatelle op 126 no 1

moscow
august
1959

lp: melodiya D05490-05491/
    M10 05490 004
lp: emi 3C065 97785
lp: eurodisc KK 74597/300 369.435
lp: artia ALP 162
lp: musicart MV 10008
lp: melodiya (netherlands)
    OSD 8003-8004
cd: rca/bmg 74321 294622/
    74321 294602

moscow
12 january
1975

cd: music and arts CD 775

prague
2 june
1975

cd: praga PR 254060/CMX 354001

london
18 june
1975

lp: rococo 2110

moscow
10 october
1976

cd: crown (japan) CRCB 7005-7006

bagatelle op 126 no 4

moscow
august
1959
lp: melodiya D05490-05491/
   10909-10910/M10 05490 004
lp: emi 3C053 97785
lp: eurodisc KK 74597/300 369.435
lp: artia ALP 162
lp: hall of fame HOF 506/HOFS 506
lp: musicart MV 10008
lp: melodiya (netherlands)
   OSD 8003-8004
cd: rca/bmg 74321 294622/
   74321 294602

prague
2 june
1975
cd: praga PR 254060/CMX 354001

london
18 june
1975
lp: rococo 2110

bagatelle op 126 no 6

moscow
august
1959
lp: melodiya D05490-05491/
   10909-10910/M10 05490 004
lp: emi 3C053 97785
lp: eurodisc KK 74597/300 369.435
lp: artia ALP 162
lp: hall of fame HOF 506/HOFS 506
lp: musicart MV 10008
lp: melodiya (netherlands)
   OSD 8003-8004
cd: rca/bmg 74321 294622/
   74321 294602

prague
2 june
1975
cd: praga PR 254060/CMX 354001

london
18 june
1975
lp: rococo 2110

piano sonata no 1

tours
june
1976

lp: emi ASD 3364/1C063 02844/
    2C065 02844/3C065 02844
lp: angel 37266/32085
lp: melodiya C10 10087-10088/
    C10 10087 008
cd: emi CMS 764 4292/CZS 767 1972

moscow
10 october
1976

cd: music and arts CD 775/CD 946

piano sonata no 3

leningrad
june
1960

cd: leningrad masters LM 1323
cd: icone 94022

new york
19 october
1960

lp: columbia (usa) M2L 272
lp: cbs BRG 72022/72449

moscow
12 january
1975

cd: music and arts CD 775/CD 910

vienna
3-14
april
1975

lp: melodiya C10 06895-06896/
    C10 06895 007
lp: eurodisc MK 88826/300 369.435
lp: chant du monde LDX 78663
cd: olympia OCD 336/OCD 5013
<u>also issued by victor in japan</u>

prague
2 june
1975

cd: praga 254 020/CMX 354 001

piano sonata no 4

moscow   cd: music and arts CD 775/CD 910
12 january
1975

vienna   lp: melodiya C10 06895-06896/
3-24   C10 06895 007
april   lp: eurodisc MK 88826/300 369.435
1975   lp: chant du monde LDX 78663
                                lp: olympia OCD 336/OCD 5013
                                <u>also issued by victor in japan</u>

piano sonata no 6

polling   cd: melodiya (japan) VICC 60075
26 october
1980

paris   cd: pyramid PYR 13500-13501
7 november
1980

piano sonata no 7

prague
1 november
1959

cd: praga PR 254020/CMX 354001
cd: music and arts CD 946

bucharest
24 february
1960

lp: electrocord ECO 060
lp: eurodisc KK 74601/ZK 80093/
    300 369.435
lp: melodiya D07203-07204
cd: electrocord ELCD 106
cd: as-disc AS 338
cd: notes PGP 11025
cd: historical performers HPS 37

leningrad
june
1960

cd: leningrad masters LM 1323
cd: icone 94022

new york
28 october
1960

lp: columbia (usa) ML 5725
lp: cbs BRG 72047/72449

tours
june
1976

lp: emi ASD 3364/1C063 02844/
    2C065 02844/3C065 02844
lp: angel 37266/32085
lp: melodiya C10 10087-10088/
    C10 10087 008
cd: emi CMS 764 4292/CZS 767 1972

helsinki
25 august
1976

lp: discocorp RR 468
cd: music and arts CD 1020

moscow
16 october
1976

laserdisc: toshiba TOCW 3537

polling
26 october
1980

cd: melodiya (japan) VICC 60075

paris
7 november
1980

cd: pyramid PYR 13500-13501

piano sonata no 8 "pathétique"

moscow
april
1958

cd: parnassus PACD 96/005-006

moscow
4 june
1959

lp: melodiya D05490-05491/
    M10 05490 004
lp: mk records DO 5490
lp: artia ALP 162
lp: bruno BR 14045
lp: eurodisc KK 74597/XB 25296/
    HK 25946/XK 80575/300 369.435
lp: emi 3C053 97785
lp: melodiya (netherlands)
    OSD 8003-8004
lp: napoleon NLC 16029
lp: saga FDY 2051
cd: rca/bmg GD 69051/74321 294622/
    74321 294602
<u>also issued by victor in japan</u>

piano sonata no 9

new york
19 october
1960

lp: columbia (usa) M2L 272
lp: cbs BRG 72022

paris
june
1963

lp: philips A02326L/SAL 3457/
    835 203AY/839 525VGY/
    SFM 23015/6580 095
lp: philips (usa) 500077/900077
lp: melodiya D13547-13548/
    D025627-025628/M10 25267 009
lp: chant du monde LDX 78445-78446/
    LDXA 822/LDXA 48322/
    LDXS 48322
cd: philips 412 3792/438 6172/
    442 4642

moscow
16 october
1976

laserdisc: toshiba TOCW 3537

piano sonata no 10

paris
june
1963

lp: philips A02326L/SAL 3457/
    835 203AY/839 525VGY/
    SFM 23015/6580 095
lp: philips (usa) 500077/900077
lp: melodiya D13547-13548/
    D025627-025628/M10 25627 009
lp: chant du monde LDX 78445-78446/
    LDXA 822/LDXA 48322/
    LDXS 48322
cd: philips 412 3792
cd: music and arts CD 775
<u>music and arts incorrectly describe
this as recorded in moscow</u>

piano sonata no 11

paris
june
1963

lp: philips A02325L/SAL 3456/
    835 202AY/839 524VGY/
    SFM 23014/6580 095
lp: philips (usa) 500076/900076
lp: melodiya D013549-013550/
    M10 13549 008
cd: philips 412 3792/438 6172/
    442 4642

london
20 october
1968

cd: as-disc AS 322
cd: notes PGP 11004
cd: historical performers HPS 38

kreuth
3 july
1994

cd: live classics LCL 461/LCL 482

piano sonata no 12 "funeral march"

prague
1 november
1959

cd: praga 254020/CMX 354001

bucharest
24 february
1960

lp: electrocord ECE 060
lp: melodiya D08935-08936
cd: electrocord ELCD 106
<u>also issued by victor in japan but
incorrectly described as recorded
in usa</u>

new york
19 october
1960

lp: columbia (usa) M2L 272
lp: cbs BRG 72023

new york
29-30
november
1960

lp: victor LM 2545/LSC 2545/
   RB 16250/SB 2119/VICS 1427/
   VL 42268/GL 42706
lp: melodiya D025629-025630/
   M10 25629 003
lp: fabbri GIM 11
cd: rca/bmg GD 86804

moscow
1961

cd: rca/bmg 74321 251782

ferrara
19 november
1966

cd: philips 438 6172/442 4642
cd: music and arts CD 946

moscow
16 october
1976

laserdisc: toshiba (japan) TOCW 3537
<u>excerpt</u>
vhs video: warner/nvc arts
   3984 230293

piano sonata no 17 "tempest"

london
1-5
august
1961
	lp: hmv ALP 1881/ASD 450
	lp: hmv (france) FALP 711/ASDF 245
	lp: hmv (italy) QALP 10329/ASDQ 5311
	lp: electrola E 80776/SME 80776
	lp: angel 35679
	lp: emi 1C063 00195/2C065 00195/
	    3C065 00195/1C187 50340-50341
	lp: melodiya D026947-026948/
	    C10 02647 002
	cd: emi CDM 769 0322/CMS 764 4292/
	    CZS 569 3402/CZS 767 1972
	cd: philips 456 9492

new york 3 may 1965	cd: intaglio INCD 7111
prague 6 june 1965	cd: praga PR 254021/CMX 354001 cd: music and arts CD 910
polling 26 october 1980	cd: melodiya (japan) VICC 60076
paris 7 november 1980	cd: pyramid PYR 13500-13501

piano sonata no 18

new york 22 april 1965	cd: nuova era NE 2363 cd: as-disc AS 343 cd: historical performers HPS 34
new york 3 may 1965	cd: intaglio INCD 7111
prague 6 june 1965	cd: praga PR 254021/CMX 354001 cd: music and arts CD 910
polling 26 october 1980	cd: melodiya (japan) VICC 60076
paris 7 november 1980	cd: pyramid PYR 13500-13501
amsterdam 25 october 1992	cd: philips 438 6242/442 4642

piano sonata no 19

paris
june
1963
	lp: philips A02325L/SAL 3456/
	    835 202AY/839 524VGY/
	    SFM 23014
	lp: philips (usa) 500076/900076
	lp: melodiya D013549-013550/
	    M10 13549 008
	cd: philips 412 3792

leningrad 17 june 1965	cd: leningrad masters LM 1323 cd: icone 94022
amsterdam 25 october 1992	cd: philips 438 4862/442 4642

piano sonata no 20

paris
june
1963

lp: philips A02325L/SAL 3456/
    835 202AY/839 524VGY/
    SFM 23014/6580 095
lp: philips (usa) 500076/900076
lp: melodiya D013549-013550/
    M10 13549 008
cd: philips 412 3792

amsterdam
25 october
1992

cd: philips 438 4862/442 4642

piano sonata no 22

new york
19 october
1960

lp: columbia (usa) M2L 272
lp: cbs BRG 72022

new york
29-30
november
1960

lp: victor LM 2544/LSC 2544/
    RB 16280/SB 2149/VICS 1478
lp: melodiya D010025-010026/
    D026627-026628/M10 26527 009
cd: rca/bmg GD 86804

ludwigsburg
october
1991

cd: amadeus AM 066

schliersee
10 july
1992

cd: live classics LCL 431/LCL 622

amsterdam
25 october
1992

cd: philips 438 4862/442 4642/
    454 1662/454 1702

piano sonata no 23 "appassionata"

prague 1 november 1959	cd: praga PR 254021/CMX 354001 cd: music and arts CD 910

moscow
9 june
1960
	lp: melodiya D06709-06710/
	    M10 06709 003
	lp: melodiya (netherlands)
	    OSD 8003-8004
	lp: bruno BR 14045
	lp: eurodisc KK 73628/ZK 77301/
	    XK 80575/HK 25946/300 369.435
	lp: napoleon NLC 16027
	lp: saga FDY 2051
	lp: westminster WGM 8256
	lp: vox PL 16410
	cd: rca/bmg GD 69051/74321 294622/
	    74321 294602
	<u>also issued by victor in japan but
	incorrectly described as recorded
	in usa</u>

new york 19 october 1960	lp: columbia (usa) M2L 272 lp: cbs BRG 72023

new york
29-30
november
1960
	lp: victor LM 2545/LSC 2545/
	    RB 16250/SB 2119/VICS 1427/
	    GL 42706
	lp: melodiya D025629-025630/
	    M10 25629 003
	lp: fabbri GIM 11
	cd: rca/bmg GD 86518/07863 565182

amsterdam 25 october 1992	cd: philips 438 4862/442 4642

<u>undated excerpt from a performance of this sonata on vhs video warner/
nvc arts 3984 230293</u>

piano sonata no 27

new york 3 may 1965	cd: intaglio INCD 7161
prague 2 june 1965	cd: praga PR 254022/CMX 354001
salzburg 21 august 1965	cd: music and arts CD 946 cd: philips 438 6172/442 4642
dubrovnik 19 july 1971	cd: as-disc AS 338 cd: notes PGP 11025 cd: historical performers HPS 37
salzburg 1-24 september 1971	lp: melodiya CM 03741-03742/ C10 03741 007 lp: emi SLS 890 lp: eurodisc MK 85742/300 369.435 lp: chant du monde LDX 78557 cd: olympia OCD 336/OCD 5013 cd: music and arts CD 775 <u>also issued by victor in japan; music and arts incorrectly describes this as a performance in moscow</u>

piano sonata no 28

new york 3 may 1965	lp: penzance PR 101 cd: intaglio INCD 7161 cd: music and arts CD 946
dubrovnik 19 july 1971	lp: rococo 2115 cd: doremi DHR 7718 cd: as-disc AS 338 cd: notes PGP 11025 cd: historical performers HPS 37 <u>doremi edition incorrectly described</u> <u>as performance in ohrid</u>
prague 18 may 1986	cd: praga PR 254022/CMX 354001
amsterdam 17 june 1986	cd: philips 438 6242/442 4642

piano sonata no 29 "hammerklavier"

prague 2 june 1975	cd: praga PR 254022/CMX 354001 cd: music and arts CD 946
london 18 june 1975	lp: rococo 2110 cd: stradivarius STR 33313/ STR 33354 cd: musica viva (greece) 88.052

piano sonata no 30

leipzig
28 november
1963

cd: music and arts CD 1025

ohrid
30 july
1971

lp: rococo 2115
cd: doremi DHR 7718

moscow
22 january
1972

cd: revelation RV 10096

ludwigsburg
17 october
1991

cd: philips 438 4862/442 4642/
456 9492

kiel
27 october
1992

cd: live classics LCL 422

piano sonata no 31

leipzig
28 november
1963
    cd: music and arts CD 1025

new york
3 may
1965
    cd: intaglio INCD 7111
    cd: music and arts CD 946

prague
2 june
1965
    cd: praga PR 254023/CMX 354001

moscow
10 october
1965
    cd: revelation RV 10096

tokyo
1 june
1974
    lp: rococo 2116
    cd: doremi DHR 7718

ludwigsburg
17 october
1991
    cd: philips 438 4862/442 4642/
        454 1662/454 1702/456 9492

munich
16 may
1992
    cd: live classics LCL 481

brussels
20 june
1992
    cd: melodiya (japan) VICC 60078

kiel
27 october
1992
    cd: live classics LCL 422

piano sonata no 32

leipzig 28 november 1963	cd: music and arts CD 1025
tokyo 1 june 1974	lp: rococo 2116 cd: doremi DHR 7718
moscow 12 january 1975	lp: discocorp IGI 309 cd: revelation RV 10096 cd: music and arts CD 910
ludwigsburg 17 october 1991	cd: philips 438 4862/442 4642/ 454 1662/454 1712/456 9492

diabelli variations

venice 1 june 1970	lp: rococo 2098 cd: arkadia CD 919/CDGI 919 cd: music and arts CD 879
prague 18 may 1986	cd: praga PR 254023/CMX 354001
amsterdam 17 june 1986	cd: philips 422 4162 cd: melodiya SUCD 10.00251

eroica variations

london
20 october
1968

cd: historic performers HPS 18
cd: notes PGP 11004
cd: as-disc AS 322
cd: memories HR 4436-4437
cd: musica viva (greece) 88.052

new york
5 april
1970

cd: intaglio INCD 7161

venice
1 june
1970

cd: music and arts CD 879
cd: arkadia CD 919/CDGI 919

salzburg
17-19
july
1970

lp: melodiya CM 02761-02762/
    C10 02761 005
lp: eurodisc MK 80652
lp: angel 40183
lp: chant du monde LDX 78559
lp: eterna 826 365
lp: musical heritage MHS 3946
lp: quintessence 7210
cd: olympia OCD 339/OCD 5013
cd: music and arts CD 775
<u>also issued by victor in japan; music and arts incorrectly described as a performance in moscow</u>

variations in f

new york					cd: intaglio INCD 7161
5 april
1970

salzburg				lp: melodiya CM 02761-02762/
17-19						C10 02761 005
july					lp: eurodisc MK 80652/300 369.435
1970					lp: angel 40183
					lp: chant du monde LDX 78559
					lp: eterna 826 365
					lp: musical heritage MHS 3946
					lp: quintessence 7210
					cd: olympia OCD 339/OCD 5013
					cd: music and arts CD 775
					<u>also issued by victor in japan</u>

variations in d

new york					cd: intaglio INCD 7161
5 april
1970

venice					cd: music and arts CD 879
1 june					cd: arkadia CD 919/CDGI 919
1970

salzburg				lp: melodiya CM 02761-02762/
17-19						C10 02761 005
july					lp: eurodisc MK 80652
1970					lp: angel 40183
					lp: chant du monde LDX 78559
					lp: eterna 826 365
					lp: musical heritage MHS 3946
					lp: quintessence 7210
					cd: olympia OCD 339/OCD 5013
					<u>also issued by victor in japan</u>

cello sonata no 1

vienna
25-31
march
1963
	rostropovich	lp: philips AL 3453-3454/
		    SAL 3453-3455/A02307L/
		    835 182AY/835 602LY/
		    6500 253/6700 027/6780 751
		lp: philips (usa) PHM 2520/PHS 2920
		lp: melodiya D013813-013814/
		    CM 02331-02332
		cd: philips 412 2562/442 5652

edinburgh 31 august 1964	rostropovich	cd: doremi DHR 7731-7732

cello sonata no 2

vienna
4-9
june
1962
	rostropovich	lp: philips AL 3453-3454/
		    SAL 3453-3454/A02308L/
		    835 183AY/839 603LY/
		    6500 254/6700 027/6780 751
		lp: philips (usa) PHM 2520/PHS 2920
		lp: melodiya D013811-013812/
		    CM 00897-00898
		cd: philips 412 2562/436 1632/
		    442 5652

edinburgh 31 august 1964	rostropovich	cd: doremi DHR 7731-7732

cello sonata no 3

london
july
1961
	rostropovich	lp: philips AL 3453-3454/
		  SAL 3453-3454/A02308L/
		  835 183AY/839 603LY/
		  6500 254/6700 027/6780 751
		lp: philips (usa) PHM 2520/PHS 2920
		lp: melodiya D013811-013812/
		  CM 00897-00898
		cd: philips 412 2562/442 5652

edinburgh 31 august 1964	rostropovich	cd: doremi DHR 7731-7732

cello sonata no 4

vienna
4-9
june
1962
	rostropovich	lp: philips AL 3453-3454/
		  SAL 3453-3454/A02307L/
		  835 182AY/839 602LY/
		  6500 253/6700 027/6780 751
		lp: philips (usa) PHM 2520/PHS 2920
		lp: melodiya D013813-013814/
		  CM 02331-02332
		cd: philips 412 2562/442 5652

edinburgh 31 august 1964	rostropovich	cd: doremi DHR 7731-7732

cello sonata no 5

vienna
25-31
march
1962
	rostropovich	lp: philips AL 3453-3454/
		    SAL 3453-3454/A02307L/
		    835 182AY/839 602LY/
		    CXL 15001/6500 253/
		    6700 027/6780 751
		lp: philips (usa) PHM 2520/PHS 2920
		lp: melodiya D013813-013814/
		    CM 02331-02332
		cd: philips 412 2562/442 5652

edinburgh 31 august 1964	rostropovich	cd: doremi DHR 7731-7732

violin sonata no 2

moscow 27 october- 6 november 1975	kagaan	cd: live classics LCL 145
helsinki 26 august 1976	kagaan	cd: intaglio INCD 7601

violin sonata no 3

moscow 6-7 may 1970	oistrakh	laserdisc: emi LDB 491 3011 vhs video: emi MVD 491 3013

violin sonata no 4

moscow 27 october- 6 november 1975	kagaan	cd: live classics LCL 145

munich
25 february-
1 march
1976
	kagaan	lp: emi ASD 3295/1C063 02796/
		   2C065 02796/3C065 02796
		lp: melodiya C08571-08572/
		   C10 08571 008
		lp: eterna 825 253

violin sonata no 5

moscow 27 october- 6 november 1975	kagaan	cd: live classics LCL 145

munich
25 february-
1 march
1976
	kagaan	lp: emi ASD 3295/1C063 02796/
		    2C065 02796/3C065 02796
		lp: melodiya C08571-08572/
		    C10 08571 008
		lp: eterna 827 253

helsinki 26 august 1976	kagaan	cd: intaglio INCD 7061

violin sonata no 6, second movement

paris 4 december 1968	oistrakh	cd: chant du monde LDC 278.885 <u>performed as concert encore</u>

piano trio no 7 "archduke"

moscow 7 december 1992	members of borodin string quartet	cd: philips 438 6242/442 4642

piano quintet in e flat

moscow december 1992	russian wind soloists	cd: philips 438 6242/442 4642

Deutsche Grammophon Gesellschaft

SVIATOSLAV RICHTER

HAYDN: Piano Sonata No. 44 in G minor

CHOPIN: Ballade No. 3 in A flat, Op. 47

DEBUSSY: From "Preludes"—Book I (Voiles; Le vent dans la plaine; Les Collines d'Anacapri)

PROKOFIEV: Piano Sonata No. 8 in B major, Op. 84

18 766 (mono) 138 766 (stereo)

CHOPIN: Polonaise-Fantasie in A flat, Op. 61. Etudes: in C, Op. 10, No. 7; in C minor, Op. 10, No. 12 (Revolutionary); Ballade No. 4 in F minor, Op. 52

DEBUSSY: Estampes: Pagodes; La Soirée dans Grenade; Jardins sous la pluie

SCRIABIN: Sonata in F sharp minor, Op. 53

18 849 (mono) 138 849 (stereo)

J. S. BACH: 5 Preludes and Fugues from "The Well-Tempered Clavier"—Book I

SCHUBERT: Allegretto in C minor; Ländler in A major

SCHUMANN: Theme and Variations on the name "Abegg", Op. 1

RACHMANINOFF: Prelude in G sharp minor

PROKOFIEV: Visions fugitives, Op. 22, No. 3, No. 6, No. 9

18 950 (mono) 138 950 (stereo)

POLYDOR RECORDS LIMITED

17-19 Stratford Place, Oxford Street, London, W.1

Tel.: HYDe Park 7401 (10 lines)

The Great Names are on HMV

Sviatoslav Richter

DVOŘÁK Piano Concerto Bavarian State Orchestra/Carlos Kleiber
ASD3371* stereo/quadraphonic

BEETHOVEN Piano Sonatas No.1 in F minor, No. 7 in D
ASD3364 stereo/quadraphonic

GRIEG & SCHUMANN Piano Concertos
Monte Carlo National Opera Orchestra/Lovro von Matacic
ASD3113* stereo/quadraphonic

BEETHOVEN Triple Concerto
with David Oistrakh, violin; Mstislav Rostropovitch, cello;
Berlin Philharmonic Orchestra/Herbert von Karajan ASD2582*

and on HMV/Melodiya:
THE ART OF RICHTER
BEETHOVEN Piano Sonata No. 27 in E minor
SCHUMANN Symphonic Studies, Bunte Blätter
BRAHMS Intermezzo in A minor, Ballade in G minor, Intermezzo in E flat minor
SCHUBERT Piano Sonata No. 21 in B flat SLS 890 (3 LP set)

*also available on tape cassette

THE HMV CLASSICAL RECORD CATALOGUE
a comprehensive guide to the wealth of great music,
great performances, great recordings on HMV

EMI Records Ltd., 20 Manchester Square, London W1A 1ES. A member of the EMI Group of Companies, international leaders in Music, Electronics and Leisure.

ALBAN BERG (1885-1935)

chamber concerto

paris	kagaan,	lp: emi 1C063 03672/2C065 03672/
12-13	nikolajesky,	3C065 03672
december	moscow	cd: emi CMS 764 4292
1977	conservatoire	excerpt from recording session on vhs
	ensemble	video warner/nvc arts 3984 230293

JOHANNES BRAHMS (1833-1897)

piano concerto no 2

prague 23 may 1950	czech po kondrashin	cd: multisonic 310 0202/310 3352

chicago
17-18
october
1960
	chicago so
	leinsdorf
		lp: victor LM 2466/LSC 2466/
		  RB 16235/SB 2106/VICS 1563/
		  AGL1-1267
		lp: melodiya D018867-018868
		cd: rca/bmg GD 86518/07863 565182

boston 1 november 1960	boston so munch	cd: as-disc AS 335-336
leningrad 27 december 1961	leningrad po mravinsky	cd: russian disc RDCD 11158
turin 19 october 1962	rai torino orchestra rossi	cd: stradivarius STR 10024-10026
berlin 7-8 june 1967	berlin ro maazel	vhs video: warner/nvc arts 3984 230293 <u>rehearsal extracts only</u>

paris
24-28
october
1969
	orchestre
	de paris
	maazel
		lp: emi ASD 2554/1C063 02040/
		  2C065 02040/3C065 02040/
		  EMX 2039
		lp: angel 36728/32041
		lp: eurodisc MK 80231/XFK 27945/
		  203 418.250
		lp: melodiya CM 01989-01990/
		  C10 01989 002
		lp: supraphon 110 1121
		<u>cd issues only by toshiba and emi
		italy</u>

piano sonata no 1

mantua 27 may 1986	cd: decca 436 4572/458 8072
tours 19 june 1988	cd: philips 438 4772/442 4642
hasselburg 10 july 1988	cd: rca/bmg RD 60859
prague 20 july 1988	cd: praga PR 254059/CMX 354001

piano sonata no 2

plzen 13 june 1984	cd: praga PR 254059/CMX 354001
mantova 27 may 1986	cd: decca 436 4572/458 8072
tours 19 june 1988	cd: philips 438 4772/442 4642 third movement cd: philips 454 1662/454 1682

two excerpts from the sonata (tokyo 1984 and undated) on vhs video warner/nvc arts 3984 230293

ballades op 10 nos 1 and 2

kempten
5 october
1992

cd: live classics LCL 471

ballade op 118 no 3

leipzig
28 november
1963

cd: music and arts CD 1025

locarno
8 september
1966

cd: ermitage ERM 113
cd: originals SH 849
cd: philips 438 4772/442 4642/
    454 1662/454 1682

salzburg
8-27
september
1971

lp: emi SLS 890
lp: melodiya CM 03739-03740/
    C10 03739 009
lp: eurodisc MK 85743
lp: angel 40238
lp: chant du monde LDX 78558
lp: ricordi RCL 27078
lp: supraphon 111 1688
cd: eurodisc 88.0096
<u>also issued by victor in japan</u>

capriccio op 76 no 8

locarno
8 september
1966

cd: ermitage ERM 113
cd: originals SH 849
cd: philips 438 4772/442 4642/
    454 1662/454 1692

intermezzo op 116 no 5

locarno
8 september
1966

cd: ermitage ERM 113
cd: originals SH 849
cd: philips 438 4772/442 4642/
    454 1662/454 1692

kempten
5 october
1992

cd: live classics LCL 471

intermezzo op 116 no 6

kempten
5 october
1992

cd: live classics LCL 471

intermezzo op 118 no 1

new york
22 april
1965

lp: rococo 2146

salzburg
8-27
september
1971

lp: emi SLS 890
lp: melodiya CM 03739-03740/
    C10 03739 009
lp: eurodisc MK 85743
lp: angel 40238
lp: chant du monde LDX 78558
lp: ricordi RCL 27078
lp: supraphon 111 1688
cd: eurodisc 88.0096
<u>also issued by victor in japan</u>

intermezzo op 118 no 6

leipzig
28 november
1963

cd: music and arts CD 1025

salzburg
8-27
september
1971

lp: emi SLS 890
lp: melodiya CM 03739-03740/
    C10 03739 009
lp: eurodisc MK 85743
lp: angel 40238
lp: chant du monde LDX 78558
lp: ricordi RCL 27078
lp: supraphon 111 1688
cd: eurodisc 88.0096
also issued by victor in japan

intermezzi op 119 nos 1 and 2

milan
25 march
1965

lp: private issue in italy only

duszniki-zdroj
10 august
1965

lp: rococo 2146

kempten
5 october
1992

cd: live classics LCL 471

rhapsody op 79 no 2

milan 25 march 1965	lp: private issue in italy only
new york 22 april 1965	lp: rococo 2146 cd: nuova era NE 2363

rhapsody op 119 no 3

leipzig 28 november 1963	cd: music and arts CD 1025
milan 25 march 1965	lp: private issue in italy only
duszniki-zdroj 10 august 1965	lp: rococo 2146
kempten 5 october 1992	cd: live classics LCL 471

rhapsody op 119 no 4

milan   lp: private issue in italy only
25 march
1965

duszniki-zdroj   lp: rococo 2146
10 august
1965

locarno   cd: ermitage ERM 113
8 september   cd: originals SH 849
1966   cd: philips 438 4772/442 4642/
                                454 1662/454 1682

kempten   cd: live classics LCL 471
5 october
1992

variations on a hungarian song

prague   cd: praga PR 254059/CMX 354001
2 june
1984

variations on a theme by paganini

tours   cd: philips 438 4772/442 4642
19 june
1988

piano quartet no 2

tours   members of   cd: philips 420 1582
8 july   borodin
1983   string quartet

piano quintet in f

moscow   borodin   lp: melodiya D05576-05577/
1958   string quartet   M10 05576 000
                                lp: mk records DO 5576
                                lp: eurodisc ZK 78435/202 918.241
                                lp: bruno BR 14055
                                lp: hall of fame HOF 518/HOFS 518
                                lp: saga 5448
                                lp: westminster WGS 8356

cello sonata no 1

aldeburgh   rostropovich   lp: parnassus 2
20 june   lp: discocorp RR 401
1964   lp: olympic 8140
                                  cd: music and arts CD 283
                                  cd: as-disc AS 349

violin sonata no 1

freiburg   kagaan   cd: olympia OCD 579/OCD 5013
6-8   cd: mk MK 418.014
march   also issued by victor in japan
1985

moscow   kagaan   cd: live classics LCL 183
13 may
1985

nakaniida   kagaan   cd: japan only
20 september
1986

violin sonata no 2

moscow   oistrakh   lp: emi ASD 3425/1C063 97791/
19 march   2C065 97791/3C065 97791
1972   lp: melodiya C10 05003-05004/
                                      C10 05003 007
                                  lp: chant du monde C5003
                                  lp: angel 40268
                                  lp: eurodisc MK 87954/XRK 27315/
                                      300 609.420
                                  lp: musical heritage MHS 4577
                                  lp: supraphon 111 2175
                                  cd: chant du monde LDC 278.881

salzburg   oistrakh   lp: rococo 2111
20 august   cd: orfeo C489 981B
1972

violin sonata no 3

paris 4 december 1968	oistrakh	lp: chant du monde LDX 78444 cd: chant du monde LDC 278.881

moscow
28 december
1968
	oistrakh	lp: emi ASD 2618/1C063 99240/
		    2C065 99240/3C065 99240
		lp: melodiya D025827-025828/
		    CM 02257-02258/C10 02257 000
		lp: angel 40121
		lp: eurodisc KK 80080/XRK 27315/
		    300 609.420
		lp: eterna 826 214
		lp: musical heritage MHS 3956
		lp: quintessence PMC 7133
		cd: rca/bmg 74321 341812/
		    74321 407102
		<u>also issued by victor in japan</u>

new york 1-4 february 1970	oistrakh	vhs video: warner/nvc arts 3984 230293 <u>brief excerpt only</u>

scherzo for violin and piano/fae sonata

paris 4 december 1968	oistrakh	cd: chant du monde LDC 278.881

die schöne magelone, song cycle

aldeburgh 20 june 1965	fischer-dieskau	cd: as-disc AS 337 cd: historical performers HPS 1 cd: notes PGP 11003

munich
24-25
july
1970
	fischer-dieskau	lp: emi SAN 291/ASD 2602/
		    1C063 02155/2C065 02155/
		    3C065 02155
		lp: melodiya CM 02795-02796/
		    C10 02795 000
		lp: angel 36753
		lp: eterna 826 427
		cd: emi CMS 764 8202

salzburg 30 july 1970	fischer-dieskau	cd: orfeo C490 981B

lieder: mondenschein; auf dem see; wie bist du meine königin?

salzburg 30 july 1970	fischer-dieskau	cd: orfeo C490 981B

BENJAMIN BRITTEN (1913-1976)

piano concerto

moscow 28 may 1967	ussr so svetlanov	cd: revelation RV 10060
aldeburgh 18 june 1967	english co britten	cd: as-disc AS 324 <u>orchestra incorrectly described as new philharmonia</u>
aldeburgh 5 december 1970	english co britten	lp: decca SXL 6512 lp: london CS 6723 cd: decca 417 3082/458 8072

canticle no 1

aldeburgh 20 june 1967	pears	unpublished radio broadcast

introduction and rondo burlesca for 2 pianos

aldeburgh 20 june 1967	britten	cd: music and arts CD 709
tours 7 july 1985	lobanov	cd: philips 420 1572

mazurka elegiaca for 2 pianos

tours 7 july 1985	lobanov	cd: philips 420 1572

cello sonata

moscow 2 january 1985	gutman	cd: revelation RV 10060
rottach-egern 12 july 1992	gutman	cd: live classics LCL 641

lacrymae for viola and piano

moscow 2 january 1985	bashmet	cd: revelation RV 10060
freiburg 6-8 march 1985	bashmet	cd: mk MK 418.015 <u>also issued by victor in japan</u>

cadenzas for mozart piano concerto no 22

philadelphia 29 january 1970	cd: stradivarius STR 33303/ STR 33354 <u>extracted from performance of the concerto accompanied by ormandy and philadelphia orchestra</u>

FREDERIC CHOPIN (1810-1849)

piano concerto no 2

moscow	ussr so	lp: private record MR 46/JJA 1972
20 december	svetlanov	lp: eurodisc 205 577.366
1966		cd: stradivarius STR 10024-10026
		cd: rca/bmg GD 69052/74321 294662/ 74321 294602

andante spianato and grande polonaise

london	lso	lp: rococo 2092
16 july	kondrashin	lp: cetra DOC 27
1961		cd: foyer CDS 16009
		cd: intaglio INCD 7071
		cd: historical performers HPS 13
		cd: as-disc AS 341
		cd: notes PGP 11031
		also issued on cd by virtuoso

ballade no 1

prague 21 february 1960	cd: praga PR 254060/CMX 354001
bucharest 26 february 1960	lp: electrecord ECE 061 lp: melodiya D08395-08396
moscow 1963	cd: rca/bmg 74321 251782
spoleto 14 july 1967	lp: turnabout TV 34359
budapest 26 august 1967	cd: pyramid PYR 13507 incorrectly dated 1968

ballade no 2

moscow   lp: melodiya CM 04165-04166/
1950   C10 04165 000
                        lp: mk records MK 8474
                        lp: columbia (usa) M 33826
                        lp: emi 3C053 98977
                        cd: rca/bmg GD 69052

prague   cd: praga PR 254060/CMX 354001
21 february
1960

bucharest   lp: electrecord ECE 061
26 february   lp: melodiya D08395-08396
1960   cd: electrecord ELCD 106

moscow   cd: rca/bmg 74321 251782
1963

ballade no 3

prague   cd: praga PR 254060/CMX 354001
21 february
1960

bucharest   lp: electrecord ECE 061
26 february
1960

london   lp: dg LPM 18 766/SLPM 138 766/
28 july-   135 044/2535 495/2548 223/
1 august   2721 204
1961   lp: melodiya D010311-010312/
                            C333-334/CM 04145-04146/
                            C10 04145 008
                        lp: supraphon 111 1688
                        cd: dg 431 5832/457 6672

ballade no 4

prague
21 february
1960

cd: praga PR 254 060/CMX 354001

rome
15 october
1962

cd: foyer CDS 16009
cd: memories HR 4436-4437
cd: as-disc AS 343
cd: historical performers HPS 34
also issued on cd by virtuoso

venice
17 november
1962

lp: dg LPM 18 849/SLPM 138 849/
    135 013/135 016
cd: dg 457 6672

excerpt from this work dated mantua 1986 on vhs video warner/nvc arts 3984 230293

barcarolle in f sharp

ferrara
19 november
1966

cd: philips 438 6202/442 4642/
    454 1662/454 1692

salzburg
26 august
1977

lp: rococo 2142
cd: music and arts CD 1019
cd: doremi DHR 7724
cd: orfeo C491 981B

étude no 1

moscow
april
1958

cd: parnassus PACD 96/001-002

prague
21 february
1960

cd: praga PR 254060/CMX 354001

new york
19 october
1960

lp: sony (japan) SONC 15066

london
10 july
1961

cd: as-disc AS 341
cd: historical performers HPS 13

venice
17 november
1962

lp: dg LPM 18 849/SLPM 138 849/
135 044/2535 495/2548 223/
2726 020
cd: dg 447 3552/457 6672

saarbrücken
28 february
1988

cd: philips 438 6202/442 4642/
454 1662/454 1692

hasselburg
10 june
1988

cd: rca/bmg 09026 615342

étude no 2

prague
21 february
1960

cd: praga PR 254060/CMX 354001

saarbrücken
28 february
1988

cd: philips 438 6202/442 4642/
454 1662/454 1682

hasselburg
10 june
1988

cd: rca/bmg 09026 615342

étude no 3

moscow
1950

lp: melodiya D019217-019218/
   CM 04165-04166/C10 04165 000
lp: columbia (usa) M 33826
lp: eurodisc XAK 87474/301 022.435
lp: emi 3C053 97784
cd: rca/bmg GD 69052/74321 294652/
   74321 294602

moscow
4 december
1954

cd: parnassus PACD 96/001-002

sofia
25 february
1958

45: philips ABE 10211/SBF 249
lp: philips ABL 3301/A00584L/
   6521 014/6599 658/6702 003/
   6730 007/6768 219/6780 502
lp: columbia (usa) ML 5396
cd: philips 420 7742/454 1662/
   454 1672/456 9462

moscow
april
1958

cd: parnassus PACD 96/001-002

prague
21 february
1960

cd: praga PR 254060/CMX 354001

new york
28 october
1960

lp: sony (japan) SONC 15066

saarbrücken
28 february
1988

cd: philips 438 6202/442 4642/
   454 1662/454 1682

hasselburg
10 june
1988

cd: rca/bmg 09026 615342

étude no 4

london
27 january
1963

cd: doremi DHR 7738

moscow
10 october
1976

cd: music and arts CD 775
vhs video: warner/nvc arts
    3984 230293

polling
26 october
1980

cd: melodiya (japan) VICC 60079

saarbrücken
28 february
1988

cd: philips 438 6202/442 4642/
    454 1662/454 1692

hasselburg
10 june
1988

cd: rca/bmg 09026 615342

prague
15-20
july
1988

cd: praga PR 254056/CMX 354001

étude no 6

london
27 january
1963

cd: doremi DHR 7738

saarbücken
28 february
1988

cd: philips 438 6202/442 4642/
454 1662/454 1692

hasselburg
10 june
1988

cd: rca/bmg 09026 615342

étude no 10

london
27 january
1963

cd: doremi DHR 7738

saarbrücken
28 february
1988

cd: philips 438 6202/442 4642/
454 1662/454 1692

prague
15-20
july
1988

cd: praga PR 254056/CMX 354001

étude no 11

london
27 january
1963

cd: doremi DHR 7738

saarbrücken
28 february
1988

cd: philips 438 6202/442 4642

hasselburg
10 june
1988

cd: rca/bmg 09026 615342

prague
15-20
july
1988

cd: praga PR 254056/CMX 354001

étude no 12

prague
21 february
1960
    cd: praga PR 254060/CMX 354001

london
10 july
1961
    cd: as-disc AS 341
    cd: historical performers HPS 13

venice
17 november
1962
    lp: dg LPM 18 849/SLPM 138 849/
        135 013/135 044/2535 495/
        2535 615/2548 223/
        2721 081/2721 084
    cd: dg 447 3552/457 6672

london
27 january
1963
    cd: doremi DHR 7738

polling
26 october
1980
    cd: melodiya (japan) VICC 60079

paris
7 november
1980
    cd: pyramid PYR 13500-13501

saarbrücken
28 february
1988
    cd: philips 438 6202/442 4642/
        454 1662/454 1682

hasselburg
10 june
1988
    cd: rca/bmg 09026 615342

étude no 17

moscow
1950

78: melodiya 021052-021053
lp: melodiya D019217-019218/
  CM 04165-04166/C10 04165 000
lp: mk records MK 8474
lp: columbia (usa) M 33826
lp: emi 3C053 97784
cd: rca/bmg GD 69052/74321 294652/
  74321 294602

polling
26 october
1980

cd: melodiya (japan) VICC 60079

mantua
31 may
1986

vhs video: warner/nvc arts
  3984 230293
<u>incorrectly described as étude no 16</u>

saarbrücken
28 february
1988

cd: philips 438 6202/442 4642

prague
15-20
july
1988

cd: praga PR 254056/CMX 354001

étude no 18

prague   cd: praga PR 254060/CMX 354001
21 february
1960

saarbrücken   cd: philips 438 6202/442 4642/
28 february   454 1662/454 1682
1988

étude no 19

prague   cd: praga PR 254060/CMX 354001
21 february
1960

helsinki   lp: rococo 2142
25 august   cd: music and arts CD 1020
1976   cd: as-disc AS 341
                                cd: notes PGP 11031
                                cd: historical performers HPS 13
                                cd: doremi DHR 7738

regensburg   cd: philips 438 6202/442 4642/
4 march   454 1662/454 1692
1988

étude no 20

saarbrücken
28 february
1988

cd: philips 438 6202/442 4642/
454 1662/454 1682

prague
15-20
july
1988

cd: praga PR 254056/CMX 354001

étude no 23

saarbrücken
28 february
1988

cd: philips 438 6202/442 4642

prague
15-20
july
1988

cd: praga PR 254056/CMX 354001

london
29 march
1989

vhs video: warner/nvc arts
3984 230293

étude no 24

saarbrücken
28 february
1988

cd: philips 438 6202/442 4642/
454 1662/454 1682

prague
15-20
july
1988

cd: praga PR 254056/CMX 354001

unpublished video recording of a selection of études also exists, recorded in london on 29 march 1989

impromptus in f sharp and g flat

la roque
d'anthéron
31 january
1990

cd: doremi DHR 7738

mazurka op 24 no 2

new york
28 october
1960

lp: sony (japan) SONC 15066

mazurka op 63 no 3

helsinki
25 august
1976

lp: rococo 2142
cd: doremi DHR 7724

mazurka op 67 no 1

helsinki
25 august
1976

lp: rococo 2142
cd: doremi DHR 7724

mazurka op 68 no 3

helsinki
25 august
1976

cd: doremi DHR 7724

mazurka op posth. no 2

helsinki
25 august
1976

cd: music and arts CD 1022

nocturne op 9 no 3

moscow
12 january
1975

cd: music and arts CD 775

nocturne op 15 no 1

leipzig
28 november
1963

cd: music and arts CD 1025

ferrara
19 november
1966

cd: philips 438 6202/442 4642

nocturne op 62 no 2

prague
18 october
1972

cd: praga PR 254056/CMX 354001

nocturne op 72 no 1

prague
18 october
1972

cd: praga PR 254056/CMX 354001

polonaise op 26 no 1

moscow
1948

lp: melodiya D019217-019218/
    CM 04165-04166/C10 04165 000
lp: mk records MK 8474
lp: columbia (usa) M 33826
lp: eurodisc HK 25947
lp: emi 3C053 97784
cd: rca/bmg GD 69052/74321 294652/
    74321 294602

nijmegen
28 october
1992

cd: philips 438 6202/442 4642

seesen
1992

cd: live classics LCL 441

polonaise op 40 no 1

seesen
1992

cd: live classics LCL 441

polonaise op 40 no 2

nijmegen
28 october
1992

cd: philips 438 6202/442 4642

seesen
1992

cd: live classics LCL 441

polonaise fantaisie in a flat

warsaw
10 november
1954
    lp: muza SXL 0037
    lp: rococo 2142
    cd: doremi DHR 7724

rome
15 october
1962
    cd: foyer CDS 16009
    <u>also issued on cd by virtuoso</u>

italy
october-
november
1962
    lp: dg LPM 18 849/SLPM 138 849/
        135 044/135 092/2535 495/
        2548 223/2726 020
    cd: dg 447 3552/457 6672

prague
18 october
1972
    cd: praga PR 254056/CMX 354001

helsinki
25 august
1976
    lp: discocorp RR 468
    cd: music and arts CD 1020

cologne
10 march
1988
    cd: amadeus AM 066

munich
16 may
1992
    cd: live classics LCL 481

brussels
20 june
1992
    cd: melodiya (japan) VICC 60078

schliersee
10 july
1992
    cd: live classics LCL 431

nijmegen
28 october
1992
    cd: philips 438 6202/442 4642/
        454 1702/454 1662

seesen
1992
    cd: live classics LCL 441

prélude no 2

tokyo
9-20
march
1979

lp: eurodisc 204 004.425
lp: ricordi OCL 16202
lp: turnabout DVCL 9028
cd: eurodisc 88.0015
cd: olympia OCD 112/OCD 287/OCD 5012
also issued by victor in japan

prélude no 4

warsaw
10 november
1954

lp: rococo 2142
cd: doremi DHR 7738

tokyo
9-20
march
1979

lp: eurodisc 204 004.425
lp: ricordi OCL 16202
lp: turnabout DVCL 9028
lp: melodiya C10 16403 007
cd: eurodisc 88.0015
cd: olympia OCD 112/OCD 287/OCD 5012
also issued by victor in japan

prélude no 5

warsaw
10 november
1954

lp: rococo 2142
cd: doremi DHR 7738

tokyo
9-20
march
1979

lp: eurodisc 204 004.425
lp: ricordi OCL 16202
lp: turnabout DVCL 9028
cd: eurodisc 88.0015
cd: olympia OCD 112/OCD 287/OCD 5012
also issued by victor in japan

préludes nos. 6, 7, 8, 9, 10 and 11

warsaw
10 november
1954
lp: rococo 2142
cd: doremi DHR 7738

tokyo
9-20
march
1979
lp: eurodisc 204 004.425
lp: ricordi OCL 16202
lp: turnabout DVCL 9028
lp: melodiya C10 16403 007
cd: eurodisc 88.0015
cd: olympia OCD 112/OCD 287/
   OCD 5012
also issued by victor in japan;
melodiya lp omits nos. 7, 9 and 11

ferrara
19 november
1966
cd: philips 438 6202/442 4642

prélude no 13

tokyo
9-20
march
1979
lp: eurodisc 204 004.425
lp: ricordi OCL 16202
lp: turnabout DVCL 9028
cd: eurodisc 88.0015
cd: olympia OCD 112/OCD 287/
   OCD 5012
also issued by victor in japan

prélude no 15

moscow
10 october
1976
cd: music and arts CD 775

paris
7 november
1980
cd: pyramid PYR 13500-13501

prélude no 17

warsaw
10 november
1954

lp: rococo 2142
cd: doremi DHR 7738

ferrara
19 november
1966

cd: philips 438 6202/442 4642

prélude no 19

warsaw
10 november
1954

lp: rococo 2142
cd: doremi DHR 7738

ferrara
19 november
1966

cd: philips 438 6202/442 4642

tokyo
9-20
march
1979

lp: eurodisc 204 004.425
lp: ricordi OCL 16202
lp: turnabout DVCL 9028
lp: melodiya C10 16403 007
cd: eurodisc 88.0015
cd: olympia OCD 112/OCD 287/ OCD 5012
also issued by victor in japan

prélude no 21

tokyo
9-20
march
1979

lp: eurodisc 204 004.425
lp: ricordi OCL 16202
lp: turnabout DVCL 9028
lp: melodiya C10 16403 007
cd: eurodisc 88.0015
cd: olympia OCD 112/OCD 287/ OCD 5012
also issued by victor in japan

polling
26 october
1980

cd: melodiya (japan) VICC 60079

prélude no 23

ferrara
19 november
1966

cd: philips 438 6202/442 4642

tokyo
9-20
march
1979

lp: eurodisc 204 004.425
lp: ricordi OCL 16202
lp: turnabout DVCL 9028
cd: eurodisc 88.0015
cd: olympia OCD 112/OCD 287/
    OCD 5012
<u>also issued by victor in japan</u>

prélude no 24

ferrara
19 november
1966

cd: philips 438 6202/442 4642/
    454 1662/454 1682

rondo in f

budapest
26 august
1967

cd: pyramid PYR 13507
<u>incorrectly derscribed as prague 1968</u>

scherzo no 1

new york
15 april
1965

cd: doremi DHR 7724

munich
25-30
july
1977

lp: eurodisc MK 25068
lp: cadenza UACL 10016
lp: columbia (usa) M 36681
lp: chant du monde LDX 78670
lp: ricordi RCL 27083
lp: melodiya C10 12059-12060/
 C10 12059 002
lp: emi SXLP 30510/1C053 63558/
 2C053 63558/3C053 63558
cd: eurodisc 610 128.231
cd: olympia OCD 338/OCD 5013
also issued by victor in japan

scherzo no 2

new york
15 april
1965

cd: doremi DHR 7724

munich
25-30
july
1977

lp: eurodisc MK 25068
lp: cadenza UACL 10016
lp: columbia (usa) M 36681
lp: chant du monde LDX 78670
lp: ricordi RCL 27083
lp: melodiya C10 12059-12060/
 C10 12059 002
lp: emi SXLP 30510/1C053 63558/
 2C053 63558/3C053 63558
cd: eurodisc 610 128.231
cd: olympia OCD 338/OCD 5013
also issued by victor in japan

salzburg
26 august
1977

cd: music and arts CD 1019

undated excerpt from this work on vhs video warner/nvc arts 3984 230293

scherzo no 3

new york
15 april
1965

cd: doremi DHR 7724

munich
25-30
july
1977

lp: eurodisc MK 25068/301 022.435
lp: cadenza UACL 10016
lp: columbia (usa) M 36681
lp: chant du monde LDX 78670
lp: ricordi RCL 27083
lp: melodiya C10 12059-12060/
    C10 12059 002
lp: emi SXLP 30510/1C053 63558/
    2C053 63558/3C053 63558
cd: eurodisc 610 128.231
cd: olympia OCD 338/OCD 5013
<u>also issued by victor in japan</u>

scherzo no 4

warsaw 10 november 1954	lp: muza SXL 0037
prague 1957	cd: melodram MEL 18029 cd: foyer CDS 16009 <u>also issued on cd by virtuoso</u>
new york 30 october 1960	lp: sony (japan) SONC 15065

newark nj
28 december
1960
	lp: victor LM 2611/LSC 2611/
	    RB 6611/SB 6611/AGL1-1279/
	    VL 42268/GL 11279

new york 15 april 1965	cd: doremi DHR 7724
helsinki 25 august 1976	cd: music and arts CD 1020 cd: doremi DHR 7738
moscow 10 october 1976	cd: music and arts CD 775

munich
25-30
july
1977
	lp: eurodisc MK 25068
	lp: cadenza UACL 10016
	lp: columbia (usa) M 36681
	lp: chant du monde LDX 78670
	lp: ricordi RCL 27083
	lp: melodiya C10 12059-12060/
	    C10 12059 002
	lp: emi SXLP 30510/1C053 63558/
	    2C053 63558/3C053 63558
	cd: eurodisc 610 128.231
	cd: olympia OCD 338/OCD 5013
	<u>also issued by victor in japan</u>

valse op 70 no 3

helsinki	lp: discocorp RR 468
25 august	cd: music and arts CD 1020
1976	cd: doremi DHR 7724

valse in d flat op posth.

helsinki	lp: discocorp RR 468
25 august	cd: doremi DHR 7724
1976	

3 nouvelles études

como	cd: philips 442 4592
10 february	
1989	
la roque d'anthéron	cd: doremi DHR 7738
31 january	
1990	

ALEXANDER DARGOMIZHSKY (1813-1869)

songs: it's all the same to me; the garden

moscow   dorliak   lp: melodiya D026457-026458
1953

you'll soon forget me, song

moscow   dorliak   lp: melodiya D026457-026458
1953   lp: chant du monde LDXS 8294

CLAUDE DEBUSSY (1862-1918)

suite bergamasque

new york 25 october 1960	lp: columbia (usa) M2L 242/ML 5711 lp: cbs BRG 72034
salzburg 26 august 1977	cd: music and arts CD 1019 cd: orfeo C491 981B

l'isle joyeuse

new york 25 october 1960	lp: columbia (usa) M2L 274/ML 5711
munich 16 may 1992	cd: live classics LCL 481
brussels 20 june 1992	cd: melodiya (japan) VICC 60078
schliersee 10 july 1992	cd: live classics LCL 431

en blanc et noir, for 2 pianos

aldeburgh 20 june 1967	britten	cd: music and arts CD 709

estampes (pagodes; soirée dans grenade; jardins sous la pluie)

rome
31 october
1962 and
palermo
9 november
1962

lp: dg LPM 18 849/SLPM 138 849/
    135 044/2535 495/
    2548 223/2726 020
cd: dg 423 5732/447 3552/457 6672
<u>jardins sous la pluie also on dg lps</u>
<u>2545 012 and 2726 511</u>

salzburg
26 august
1977

cd: music and arts CD 1019
cd: orfeo C491 981B

images I (reflets dans l'eau; hommage a rameau; mouvement)

new york
25 october
1960

lp: columbia (usa) M2L 274/ML 5711

cloches a travers les feuilles/images II

moscow
4 december
1954

cd: parnassus PACD 96/001-002

budapest
9 february
1958

cd: as-disc AS 333

moscow
16 april
1958

cd: parnassus PACD 96/001-002

new york
25 october
1960

lp: sony (japan) SONC 15066

voiles/préludes book I

new york
25 october
1960

lp: sony (japan) SONC 15066

london
10 july
1961

cd: as-disc AS 333

london
28 july-
1 august
1961

lp: dg LPM 18 766/SLPM 138 766/
    135 044/2535 495/2548 223
lp: melodiya D010311-010312/
    C333-334/CM 04145-04146/
    C10 04145 008
cd: dg 423 5732/447 3552/457 6672

le vent dans la plaine/préludes book I

london
10 july
1961

cd: as-disc AS 333

london
28 july-
1 august
1961

lp: dg LPM 18 766/SLPM 138 766/
    135 044/2535 495/2548 223
lp: melodiya D010311-010312/
    C333-334/CM 04145-04146/
    C10 04145 008
cd: dg 423 5732/447 3552/457 6672

moscow
10 october
1976

cd: music and arts CD 775

les collines d'anacapri/préludes book I

budapest
9 february
1958
cd: as-disc AS 333

new york
25 october
1960
lp: sony SONC 15066

london
10 july
1961
cd: as-disc AS 333

london
28 july-
1 august
1961
lp: dg LPM 18 766/SLPM 138 766/
    135 044/2535 495/2548 223
lp: melodiya D010311-010312/
    C333-334/CM 04145-04146/
    C10 04145 008
cd: dg 423 5732/447 3552/457 6672

des pas sur la neige/préludes book 1

london
10 july
1961
cd: as-disc AS 333

paris
14 october
1961
lp: chant du monde LDXS 8290
lp: melodiya D011753-011754/
    M10 11753 002
lp: vanguard VRS 1102/VSD 2140
lp: eurodisc 206 402.366
cd: vanguard OVC 8076

ce qu'a vu le vent d'ouest/préludes book 1

tokyo
28 february
1984

vhs video: warner/nvc arts
   3984 230293

la sérénade interrompue/préludes book 1

london
10 july
1961

cd: as-disc AS 333

paris
14 october
1961

lp: chant du monde LDXS 8290
lp: melodiya D011753-011754/
   M10 11753 002
lp: vanguard VRS 1102/VSD 2140
lp: eurodisc 206 402.366
cd: vanguard OVC 8076

ferrara
19 november
1966

cd: philips 442 4592

spoleto
14 july
1967

lp: turnabout TV 34539
cd: as-disc AS 333

la cathédrale engloutie/préludes book 1

london
10 july
1961

cd: as-disc AS 333

paris
14 october
1961

lp: chant du monde LDXS 8290
lp: melodiya D011753-011754/
   M10 11753 002
lp: vanguard VRS 1102/VSD 2140
lp: eurodisc 206 402.366
cd: vanguard OVC 8076

la danse de puck/préludes book 1

london
10 july
1961

cd: as-disc AS 333

paris
14 october
1961

lp: chant du monde LDXS 8290
lp: melodiya D011753-011754/
   M10 11753 002
lp: vanguard VRS 1102/VSD 2140
lp: eurodisc 206 402.366
cd: vanguard OVC 8076

ferrara
19 november
1966

cd: philips 442 4592

<u>a selection of préludes from book 1, dated budapest 14 january 1985 appeared on the lp label rarissima</u>

préludes book II

aldeburgh	cd: nuovo era NE 2311
18 june	cd: as-disc AS 340
1967

spoleto	lp: turnabout TV 34360
14 july
1967

prague	cd: pyramid PYR 13507
17 march
1968

brouillards/préludes book II

cosenza	cd: ermitage ERM 422
13 january	cd: stradivarius STR 33353/
1993	 STR 33354

feuilles mortes/préludes book II

cosenza	cd: ermitage ERM 422
13 january	cd: stradivarius STR 33353/
1993	 STR 33354

la puerta del vino/préludes book II

cosenza	cd: ermitage ERM 422
13 january	cd: stradivarius STR 33353/
1993	 STR 33354

les fées sont d'exquises danseuses/préludes book II

cosenza
13 january
1993
    cd: ermitage ERM 422
    cd: stradivarius STR 33353/ STR 33354

bruyeres/préludes book II

moscow
10 october
1976
    cd: music and arts CD 775

salzburg
26 august
1977
    cd: music and arts CD 1019

cosenza
13 january
1993
    cd: ermitage ERM 422
    cd: stradivarius STR 33353/ STR 33354

ondine/préludes book II

moscow
10 october
1976
    cd: music and arts CD 775

canope/préludes book II

cosenza
13 january
1993
    cd: ermitage ERM 422
    cd: stradivarius STR 33353/ STR 33354

ANTONIN DVORAK (1841-1904)

piano concerto

london 16 july 1961	lso kondrashin	lp: rococo 2118 lp: period SHO 341 lp: cetra DOC 27 cd: arkadia CD 559/CDGI 559 cd: intaglio INCD 7511
prague 2 june 1966	prague so smetacek	cd: melodram MEL 18029 cd: praga PR 250 016 <u>melodram incorrectly dated 1964</u>

munich
18-21
june
1976
	bavarian
	state orchestra
	kleiber
		lp: emi ASD 3371/1C063 02884/
		   2C065 02884/3C065 02884
		lp: angel 37239
		cd: emi CDC 747 9672/CDM 566 8952
		   CDM 566 9472

piano quintet op 5

prague 3 june 1982	borodin string quartet	lp: philips 412 4291 cd: philips 412 4292
moscow 31 december 1982	borodin string quartet	cd: revelation RV 10092

piano quintet op 81

prague 3 june 1982	borodin string quartet	lp: philips 412 4291 cd: philips 412 4292
moscow 31 december 1982	borodin string quartet	cd: revelation RV 10092
moscow 25 april 1983	borodin string quartet	lp: chant du monde LDX 78786 cd: victor (japan) VDC 1046

THE GREATEST RUSSIAN ARTISTS ARE HEARD AT THEIR BEST ON DECCA-GROUP RECORDS

SVIATOSLAV RICHTER

Beethoven
PIANO SONATA NO. 23 IN F MINOR — 'APPASSIONATA'
PIANO SONATA NO. 12 IN A FLAT — 'FUNERAL MARCH'
Ⓢ SB 2119 Ⓜ RB 16250

Beethoven
PIANO CONCERTO NO. 1 IN C
with **The Boston Symphony Orchestra**
conducted by **Charles Munch**
PIANO SONATA NO. 22 IN F
Ⓢ SB 2149 Ⓜ RB 16280

Brahms
PIANO CONCERTO NO. 2 IN B FLAT
with **The Chicago Symphony Orchestra**
conducted by **Erich Leinsdorf**
Ⓢ SB 2106 Ⓜ RB 16235

STEREO OR MONO RECORDS

RCA VICTOR RECORDS product of
THE DECCA RECORD COMPANY LIMITED DECCA HOUSE ALBERT EMBANKMENT LONDON SE1

ASSOCIATED RECORDINGS

PRESENT
SVIATOSLAV RICHTER

ARTIA · MK · PARLIAMENT

RACHMANINOFF
Piano Concerto No. 2
PLP 134 (mono only)—22/6d

TCHAIKOVSKY
Piano Concerto No. 1
PLP 120 (mono only)—22/6d

BEETHOVEN
'Pathétique' Sonata · 8 Bagatelles
ALP 162 (mono only)—39/9d

BEETHOVEN
'Appassionata' Sonata
HAYDN Sonata No. 20
MK 1550 (mono only)—39/9d

SHOSTAKOVICH
5 Preludes and Fugues
ALP 173 (mono only)—39/9d

BACH Concerto No. 1
PROKOFIEV
Piano Concerto No. 1
ALP 123 (mono only)—39/9d

MUSSORGSKY
Pictures at an Exhibition
PROKOFIEV Sonata No. 7
ALP 154 (mono only)—39/9d

BRAHMS
Piano Quintet
MK 1516 (mono only)—39/9d

Please supply FREE literature

NAME..

ADDRESS...

....

ASSOCIATED RECORDINGS LIMITED

13/14 DEAN STREET · LONDON, W.1

CESAR FRANCK (1822-1890)

les djinns

moscow
1956
	moscow
	youth so
	kondrashin
		lp: melodiya D03636-03637/
		   D019039-019040
		cd: rca/bmg 74321 294662/
		   74321 294602
		cd: revelation RV 10048
		<u>revelation dated 30 december 1952</u>

prélude chorale et fugue

moscow
1956
	lp: melodiya D03636-03637/
	   D019039-019040
	lp: monitor MC 2022/MCS 2022
	lp: napoleon NLC 16033
	cd: rca/bmg 74321 294652/
	   74321 294602
	cd: monitor 720 222
	cd: revelation RV 10048
	<u>revelation dated 15 october 1955</u>

florence 12 june 1966	cd: philips 454 1662/454 1712

piano quintet in f minor

moscow 1956	bolshoi string quartet	lp: melodiya D03256-03257/ M10 03256 002 lp: eurodisc ZK 79833 lp: hall of fame HOFS 52 lp: monitor MC 2036/MCS 2036 lp: parlophone PMA 1042
moscow december 1981	borodin string quartet	cd: philips 432 1422

piano trio in f sharp

moscow 18 september 1983	kagaan, gutman	cd: live classics LCL 174

violin sonata

paris 4 december 1968	oistrakh	cd: chant du monde LDC 278.885

moscow
28 december
1968
	oistrakh	lp: melodiya D025827-025828/
		    CM 02257-02258/C210 02257 005
		lp: emi ASD 2618/1C063 92240/
		    2C065 92240/3C065 92240
		lp: angel 40121
		lp: eurodisc KK 80080/300 609.420
		lp: chant du monde LDX 78444
		lp: eterna 826 214
		lp: musical heritage MHS 3956
		lp: quintessence PMC 7133
		cd: vox CDX 5120
		cd: mfsl MFCD 909
		cd: rca/bmg 74321 341812/
		    74321 407102
		cd: revelation RV 10048
		<u>also issued by victor in japan;</u>
		<u>revelation dated 3 march 1966</u>

GEORGE GERSHWIN (1898-1937)

piano concerto

stuttgart 30 may 1993	sdr orchestra eschenbach	cd: originals SH 810 <u>also issued by victor in japan</u>

ALEXANDER GLAZUNOV (1865-1936)

piano concerto no 1

moscow
14 december
1952
	moscow
	youth so
	kondrashin
		78: melodiya 023037-023043
		lp: melodiya D01067-01068/
		    C 04683-04684
		lp: eurodisc ZK 79843/XK 80575/
		    XG 89831
		lp: chant du monde LDXP 8225/
		    LDS 8135
		lp: colosseum CLSP 210
		lp: concert hall 1316
		lp: gramophone 20218
		lp: miro MLP 8002
		lp: monarch MWL 321
		lp: monitor MC 2131/MCS 2131
		lp: saga XID 4314
		lp: trophy 9002
		cd: chant du monde LDC 278.950
		cd: rca/bmg 74321 294682/
		    74321 294602

leningrad 1952	leningrad po eliasberg	cd: leningrad masters LM 1324

MIKHAIL GLINKA (1804-1857)

adele, song

moscow 1948	dorliak	78: melodiya 15874-15875
moscow 21 november 1953	dorliak	lp: melodiya D010463-010464/ D035257-035258 lp: chant du monde LDXS 8294

the blue waves slumbered, song

moscow   dorliak   lp: melodiya D026457-026458
1953

songs: tell me why; venetian night; oh my darling!; do not call her divine; lullaby; gulf of finland; oh how happy i am!; oh if i had known!; this song travels; i remember that wonderful night

moscow   dorliak   lp: melodiya D010463-010464/
21 november   D035257-035258
1953   lp: chant du monde LDXS 8294

EDVARD GRIEG (1843-1907)

piano concerto

moscow 23 march 1964	ussr so kondrashin	cd: revelation RV 10057 cd: praga PR 250 048 praga incorrectly dated 1977
moscow 12 november 1967	ussr so oistrakh	cd: revelation RV 10050
bergen 5 june 1968	bergen so oistrakh	lp: MR 46/MJA 1973/JJA 1972 cd: intaglio INCD 7511
rome 16 november 1974	rai roma orchestra muti	cd: live classic best (japan) LCB 132

monte-carlo
25-30
november
1974
	monte-carlo
	opera orchestra
	matacic
		lp: EMI ASD 3133/1C063 02615/
		   2C065 02615/3C065 02615
		lp: angel 36899/34702
		lp: melodiya C07953-07954/
		   C10 07953 007
		lp: hungaroton SLPX 12078
		cd: emi CDC 747 1642/CZS 767 1972

24 lyric pieces

schliersee   cd: live classics LCL 442
7 july
1993

athens   cd: stradivarius STR 33353/
19 october   STR 33354
1993 and
kozani
28 october
1993

the selection comprises in each case op 12 nos 1,2,3 and 4, op 38 nos 4 and 8, op 43 nos 1 and 6, op 47 no 1, op 54 nos 2,4,5 and 6, op 57 nos 4,5 and 6, op 62 no 5, op 65 no 6, op 68 no 4, op 71 nos 2,3,4,6 and 7; two of the pieces were played as encores, and these are omitted from the live classics edition

violin sonata no 2

nakaniida   kagaan   cd in japan only
20 september
1986

cello sonata

aldeburgh   rostropovich   lp: parnassus 2
20 june   lp: discocorp RR 401
1964   lp: olympic OL 8140
                                    cd: music and arts CD 283
                                    cd: as-disc AS 349
                                    cd: notes PGP 11034

GEORGE FRIDERIC HANDEL (1685-1759)

suite no 2

tours
1-8
july
1979
	lp: emi SLS 5234/EG 29 08481/
	    1C157 03963-03966/
	    2C165 03963-03966/
	    3C165 03963-03966
	cd: emi CZS 569 3372

moscow 30-31 july 1980	cd: revelation RV 10045

suite no 3

tours
1-8
july
1979
	lp: emi SLS 5234/EG 29 08481/
	    1C157 03963-03966/
	    2C165 03963-03966/
	    3C165 03963-03966
	cd: emi CZS 569 3372

suite no 5

budapest 29 april 1963	lp: rococo 2146

tours
1-8
july
1979
	lp: emi SLS 5234/1C157 03963-03966/
	    2C165 03963-03966/
	    3C165 03963-03966
	cd: emi CZS 569 3372
	<u>excerpt from the public rehearsal
	performance on vhs video warner/
	nvc arts 3984 230293</u>

suite no 8

tours
1-8
july
1979

lp: emi SLS 5234/1C157 03963-03966/
    2C165 03963-03966/
    3C165 03963-03966
cd: emi CZS 569 3372

suite no 9

tours
1-8
july
1979

lp: emi SLS 5234/EG 29 08481/
    1C157 03963-03966/
    2C165 03963-03966/
    3C165 03963-03966
cd: emi CZS 569 3402

moscow
30-31
july
1980

cd: revelation RV 10045

suite no 12

tours
1-8
july
1979

lp: emi SLS 5234/1C157 03963-03966/
    2C165 03963-03966/
    3C165 03963-03966
cd: emi CZS 569 3402

moscow
30-31
july
1980

cd: revelation RV 10045

suite no 14

tours
1-8
july
1979
	lp: emi SLS 5234/EG 29 08481/
	    1C157 03963-03966/
	    2C165 03963-03966/
	    3C165 03963-03966
	cd: emi CZS 569 3402

moscow 30-31 july 1980	cd: revelation RV 10045

suite no 16

tours
1-8
july
1979
	lp: emi SLS 5234/EG 29 08481/
	    1C157 03963-03966/
	    2C165 03963-03966/
	    3C165 03963-03966
	cd: emi CZS 569 3402

moscow 30-31 july 1980	cd: revelation RV 10045

emi sets SLS 5234, 1C157 03963-03966, 2C165 03963-03966, 3C165 03963-03966, CZS 569 3372 and CZS 569 3402 are complete recordings of the keyboard suites, in which the remaining suites were performed by andrei gavrilov

FRANZ JOSEF HAYDN (1732-1809)

piano concerto in d

moscow december 1983	minsk co tsirynk	laserdisc: crown (japan) CRLB 55004 cd: crown (japan) CRCB 7005-7006 <u>excerpt</u> vhs video: warner/nvc arts 　　　3984 230293

piano sonata no 2

mantua　　　　　　　　　cd: decca 436 4552/458 8072
may
1986

piano sonata no 20

moscow　　　　　　　　　lp: melodiya D06709-06710/
9 june　　　　　　　　　　　　M10 06709 003
1960　　　　　　　　　　　lp: mk records MK 1150
　　　　　　　　　　　　　lp: eurodisc KK 73628/ZK 77301
　　　　　　　　　　　　　lp: bruno BR 14047
　　　　　　　　　　　　　lp: melodiya (netherlands)
　　　　　　　　　　　　　　　OSD 8003-8004
　　　　　　　　　　　　　lp: saga 5489
　　　　　　　　　　　　　lp: westminster WGM 8526
　　　　　　　　　　　　　cd: saga EC 33622

jouques　　　　　　　　　cd: stradivarius STR 33343/
22 february　　　　　　　　　STR 33354
1992　　　　　　　　　　　cd: ermitage ERM 422

piano sonata no 22

spoleto　　　　　　　　　lp: turnabout TV 34359
14 july
1967

piano sonata no 24

munich   cd: decca 436 4552/458 8072
13 july
1984

prague   cd: praga PR 254025/CMX 354001
4 march
1985

freiburg   cd: olympia OCD 579/OCD 5013
6-8   cd: mk MK 418.014
march   also issued by victor in japan
1985

1985   cd: philips 438 6172/442 4642

piano sonata no 29

kreuth   cd: live classics LCL 461/LCL 482
3 july
1994

piano sonata no 32

munich   cd: decca 436 4552/458 8072
13 july
1984

piano sonata no 40

mantua
13 february
1987

cd: decca 436 4542/458 8072

piano sonata no 41

mantua
13 february
1987

cd: decca 436 4542/458 8072

piano sonata no 44

london
28 july-
1 august
1961

lp: dg LPM 18 766/SLPM 138 766/
    2726 020
lp: melodiya D010311-010312/
    C333-334/CM 04145-04146/
    C10 04145 008
cd: dg 447 3552/457 6672

mantua
13 february
1987

cd: decca 436 4542/458 8072

1994

cd: live classics LCL 461

piano sonata no 46

mantua
25 may
1986

cd: decca 436 4552/458 8072

schliersee
10 july
1992

cd: live classics LCL 431

piano sonata no 48

mantua
25 may
1986

cd: decca 436 4542/458 8072

piano sonata no 49

paris
14 october
1961

lp: chant du monde LDXS 8290
lp: melodiya D011753-011754/
    M10 11753 002
lp: vanguard VRS 1102/VSD 2140
lp: eurodisc 206 402.366
cd: vanguard OVC 8076

piano sonata no 50

moscow
24 september
1960

lp: melodiya D017703-017704
lp: eurodisc KK 74601/ZK 80093
cd: rca/bmg 74321 251782/
    74321 251722

new york
25 october
1960

lp: columbia (usa) M2L 274/ML 5710
lp: cbs BRG 72033

piano sonata no 52

bucharest 27 february 1960	lp: electrecord ECE 061 lp: melodiya D07203-07204 lp: mk records MK 1569 cd: as-disc AS 338 cd: notes PGP 11025 cd: historical performers HPS 34
ferrara 19 november 1966	cd: philips 438 6172/442 4642
mantua 25 may 1986	cd: decca 436 4542/458 8072

undated excerpt from a performance of this sonata on vhs video warner/ nvc arts 3984 230293

andante and variations in f minor

jouques 22 february 1992	cd: stradivarius STR 33343/ STR 33354
munich 16 may 1992	cd: live classics LCL 481
brussels 20 june 1992	cd: melodiya (japan) VICC 60078

the older hoboken numberings are used here to identify the haydn piano sonatas

PAUL HINDEMITH (1895-1963)

kammermusik no 2

moscow 22 may 1978	conservatoire orchestra nikolayevsky	cd: revelation RV 10093

piano sonata no 2

tours 30 june 1985	cd: pyramid PYR 13497

piano suite

vienna 20 february 1989	cd: decca 436 4512/458 8072

ludus tonalis

tours   cd: pyramid PYR 13497
30 june
1985

viola sonata in f

freiburg   bashmet   cd: mk records MK 418.015
6-8   also issued by victor in japan
march
1985

4 violin sonatas in d, c, e and e flat

moscow   kagaan   cd: live classics LCL 161
7 may
1978

FRANZ LISZT (1811-1886)

piano concerto no 1

prague 3 june 1954	czech po ancerl	cd: music and arts CD 776 cd: multisonic 310 0382/310 3352 cd: praga PR 254 000-254 001/ PR 256 002
london 18 july 1961	lso kondrashin	lp: discocorp RR 489 lp: period SHO 335/SHOST 2335 lp: cetra DOC 27 cd: cetra CDE 1011/CDE 3012 cd: arkadia CD 559/CDGI 559 cd: as-disc AS 345 cd: historical performers HPS 26 also issued on cd by virtuoso

walthamstow
19-21
july
1961
	lso
	kondrashin
		lp: philips ABL 3401/A00576L/
		   SABL 207/835 474LY/
		   6504 015/6580 071
		lp: philips (usa) PHM 500 000/
		   PHS 900 000
		lp: melodiya D013747-013748/
		   C0867-0868
		lp: eterna 826 276
		cd: philips 412 0062/434 1632/
		   446 2002

piano concerto no 2

london 18 july 1961	lso kondrashin	lp: discocorp RR 489 lp: period SHO 335/SHOST 2335 lp: cetra DOC 27 lp: longanesi GCL 19 cd: cetra CDE 1011/CDE 3012 cd: arkadia CD 559/CDGI 559 <u>also issued on cd by virtuoso</u>

walthamstow
19-21
july
1961
	lso
	kondrashin
		lp: philips ABL 3401/A00576L/
		    SABL 207/835 474LY/
		    6504 015/6580 071
		lp: philips (usa) PHM 500 000/
		    PHS 900 000
		lp: melodiya D013747-013748/
		    C0867-0868
		lp: eterna 826 276
		cd: philips 412 0062/434 1632/
		    446 2002
		<u>excerpts</u>
		cd: philips 454 1662/454 1682

budapest 19 september 1961	hungarian state orchestra ferencsik	cd: intaglio INCD 7071 cd: music and arts CD 760/CD 945

hungarian fantasia for piano and orchestra

london 18 july 1961	lso kondrashin	lp: discocorp RR 489 lp: period SHO 335/SHOST 2335 lp: rococo 2092 lp: cetra DOC 27 cd: cetra CDE 1011/CDE 3012
budapest 19 september 1961	hungarian state orchestra ferencsik	lp: discocorp RR 454 lp: melodiya M10 42787 001 cd: philips 422 1372 cd: music and arts CD 760/CD 945

piano sonata in b minor

new york
18 may
1965

lp: penzance 101
lp: melodiya M10 42787 001
cd: philips 422 1372
<u>philips incorrectly described as budapest 1960</u>

aldeburgh
21 june
1966

lp: discocorp RR 454
cd: nuova era 013.6340
cd: music and arts CD 600/CD 760
cd: legends LGD 145
cd: memories HR 4218
<u>RR 454 incorrectly described as budapest 1958; CD 760 incorrectly described as florence 1971</u>

livorno
21 november
1966

cd: philips 438 6202/442 4642/
    446 2002/454 5452
<u>incorrectly described as 1988</u>

hungarian rhapsody no 17

moscow
5 february
1958

cd: revelation RV 10011

cologne
10 march
1988

cd: philips 438 6202/442 4642

lübeck
4 july
1988

cd: rca/bmg RD 60859

ave maria/die glocken von rom

kloster
polling
17 august
1982

cd: philips 432 1422

valse oubliée no 1

moscow
4 december
1954

cd: parnassus PACD 96/001-002

moscow
5 february
1958

cd: revelation RV 10011

sofia
24 february
1958

45: philips ABE 10211
lp: philips ABL 3301/A00584L/
    6780 502
lp: columbia (usa) ML 5396
cd: philips 420 7742/454 1662/
    454 1672/456 9462

valse oubliée no 2

moscow
5 february
1958

cd: revelation RV 10011

sofia
24 february
1958

45: philips ABE 10213
lp: philips ABL 3301/A00584L/
    6780 502
lp: columbia (usa) ML 5396
cd: philips 420 7742/454 1662/
    454 1672/456 9462

valse oubliée no 3

moscow
5 february
1958

cd: revelation RV 10011

mephisto polka

cologne
10 march
1988

cd: philips 438 6202/442 4642

mephisto waltz no 1

moscow
5 february
1958

cd: revelation RV 10011/RV 60002

gnomenreigen/études de concert

moscow
5 february
1958

cd: revelation RV 10011

rosenheim
6 march
1988

cd: philips 438 6202/442 4642/
454 1602/454 1682

un sospiro/études de concert

rosenheim
6 march
1988

cd: philips 438 6202/442 4642/
454 1662/454 1682

consolation no 6

cologne
10 march
1988

cd: philips 438 6202/442 4642/
454 1662/454 1692

lübeck
4 july
1988

cd: rca/bmg RD 60859

liebesträume nos 2 and 3

moscow
5 february
1958

cd: revelation RV 10011

polonaise in e

prague
10 june
1956

cd: praga PR 254032/CMX 354001
cd: music and arts CD 945

cologne
10 march
1988

cd: philips 438 6202/442 4642

scherzo in g minor

cologne
10 march
1988

cd: philips 438 6202/442 4642

scherzo and march

lübeck
4 july 1988

cd: rca/bmg RD 60859

funérailles/harmonies poétiques et réligieuses

moscow
5 february
1958

cd: revelation RV 10011

budapest
11 february
1958

lp: discocorp RR 454
lp: melodiya M10 47287 001
cd: music and arts CD 760/CD 945
cd: as-disc AS 345
cd: historical performers HPS 26
cd: philips 422 1372

pensées des morts/harmonies poétiques et réligieuses

kloster
polling
17 august
1982

cd: philips 432 1422

andante lagrimoso/harmonies poétiques et réligieuses

kloster
polling
17 august
1982

cd: philips 432 1422

aux cypres de la villa d'este/années de pelerinage

moscow
5 february
1958
cd: revelation RV 10011

moscow
april
1958
cd: parnassus PACD 96/005-006

années de pelerinage: vallée d'obermann; au bord d'une source; la spozalizio; sonetto 123 del petrarca; venezia e napoli

moscow
april
1958
cd: parnassus PACD 96/005-006

trübe wolken

cologne
10 march
1988
cd: philips 438 6202/442 4642/ 454 1662/454 1712

klavierstück in f sharp

cologne
10 march
1988
cd: philips 438 6202/442 4642

march from glinka's russlan and ludmila, piano transcription

date not
confirmed
vhs video: warner/nvc arts 3984 230293
excerpt only from the biographical soviet film on the life of glinka, in which richter appears as franz liszt

transcendental study no 1 "prélude"

prague
2 june
1956

cd: praga PR 254057/CMX 354001

cologne
10 march
1988

cd: philips 438 6202/442 4642

transcendental study no 2 "molto vivace"

prague
2 june
1956

cd: praga PR 254057/CMX 354001

cologne
10 march
1988

cd: philips 438 6202/442 4642

transcendental study no 3 "paysage"

prague
2 june
1956

cd: praga PR 254057/CMX 354001

cologne
10 march
1988

cd: philips 438 6202/442 4642

transcendental study no 5 "feux follets"

prague   cd: praga PR 254057/CMX 354001
10 june
1956

moscow   cd: revelation RV 10011
5 february
1958

sofia   45: philips ABE 10199/ABE 10211
24 february   lp: philips ABL 3301/A00584L/
1958   6768 219/6780 502
                      lp: columbia (usa) ML 5396
                      cd: philips 420 7742/454 1662/
                          454 1672/456 9462

cologne   cd: philips 438 6202/442 4642
10 march 1988

transcendental study no 7 "eroica"

cologne   cd: philips 438 6202/442 4642
10 march 1988

transcendental study no 8 "wilde jagd"

cologne   cd: philips 438 6202/442 4642/
10 march 1988   454 1662/454 1682

transcendental study no 10 "allegro agitato molto"

cologne   cd: philips 438 6202/442 4642
10 march 1988   454 1662/454 1682

transcendental study no 11 "harmonies du soir"

prague   cd: praga PR 254057/CMX 354001
10 june
1956

sofia   45: philips ABE 10199/ABE 10213
24 february   lp: philips ABL 3301/A00584L/
1958   6768 219/6780 502
          lp: columbia (usa) ML 5396
          cd: philips 420 7742/454 1662/
           454 1672/456 9462

cologne   cd: philips 438 6202/442 4642/
10 march   454 1692
1988

lübeck   cd: rca/bmg RD 60859
4 july
1988

<u>paul geffen also mentions a selection of the transcendental studies
recorded by richter in 1946 and issued on cd bianco e nero BN 24332</u>

FELIX MENDELSSOHN-BARTHOLDY (1809-1847)

variations sérieuses

new york   lp: penzance 101
22 april   cd: nuova era NE 2320
1965   cd: as-disc AS 343
                        cd: historical performers HPS 34

undated excerpt from a performance of this work on vhs video warner/
nvc arts 3984 230293

NIKOLAY MIASKOVSKY (1881-1950)

piano sonata no 3

moscow   cd: rca/bmg 74321 294702/
3 december   74321 294602
1953

tours   cd: pyramid PYR 13503
8 july
1973

WOLFGANG AMADEUS MOZART (1756-1791)

piano concerto no 1

tokyo	japan shinsei	cd: laurel LR 902
3 march	orchestra	
1994	barshai	

piano concerto no 5

tokyo	japan shinsei	cd: laurel LR 902
3 march	orchestra	
1994	barshai	

piano concerto no 9

tours	orchestre	lp: baton 1009
3 july	national	cd: as-disc AS 323
1966	maazel	cd: historical performers HPS 7
		<u>rehearsal excerpt on vhs video</u>
		<u>warner/nvc arts 3984 230293</u>

piano concerto no 15

leningrad 5-6 february 1968	moscow co barshai	cd: leningrad masters LM 1302
london 5-6 april 1979	philharmonia muti	emi unpublished <u>recording probably incomplete</u>

piano concerto no 17

philadelphia 29 january 1970	philadelphia orchestra ormandy	lp: MJA 1970 cd: intaglio INCD 7071 cd: stradivarius STR 33303/ STR 33354 cd: musica viva (greece) 88.053

piano concerto no 18

tokyo 3 march 1994	japan shinsei orchestra barshai	cd: laurel LR 902

piano concerto no 20

moscow 1950	ussr so eliasberg	lp: club du nouveau siecle DCNS 801 <u>purported to be taken from melodiya 78s</u>

warsaw
25-26
april
1959
	warsaw po
	wislocki
		lp: dg LPM 18 595/SLPM 138 075/
		    LPE 17 226/SLPE 133 226/
		    135 122/2548 106/2721 204
		lp: melodiya D014595-014596/
		    D027305-027306/M10 27305 004
		lp: bruno BR 14044
		lp: eterna 825 962/720 123
		lp: muza XL 0053/MEX 3
		lp: vox PL 16410/STPL 513410/
		    STPL 516500/VSPS 2
		cd: dg 429 9182/453 8042/459 1732

piano concerto no 22

aldeburgh 13 june 1967	english co britten	cd: nuova era 013.6339 cd: memories HR 4366-4367 cd: music and arts CD 761
philadelphia 29 january 1970	philadelphia orchestra ormandy	lp: MJA 1970
london 4-6 april 1979	philharmonia muti	lp: emi ASD 143 5281/143 5281 lp: angel 37740 cd: emi CDM 764 7502/CDM 769 0132/ CZS 767 1972

piano concerto no 24

florence	maggio	lp: rococo 2145
21 november	musicale	cd: memories HR 4218
1971	orchestra	cd: musica viva (greece) 88.053
	muti	

piano concerto no 25

parma	orchestra	cd: teldec 4509 942452
october	di padova e	
1993	del veneto	
	bashmet	

piano concerto no 27

aldeburgh	english co	lp: baton 1009
16 june	britten	cd: as-disc AS 323
1965		cd: historical performers HPS 7
		cd: stradivarius STR 10024-10026
		cd: music and arts CD 761
		cd: bbc legends BBCB 80052
moscow	moscow co	cd: leningrad masters LM 1302
1966	svetlanov	<u>conductor named on recording</u>
		<u>as barshai</u>

piano sonata no 2

salzburg	cd: philips 438 4802/442 4642
28 january	
1966	
prague	cd: praga PR 254025/CMX 354001
25 november	
1966	

piano sonata no 4

prague
1 june
1956

cd: praga PR 254025/CMX 354001

london
29 march
1989

cd: philips 422 5832
<u>also unpublished video recording</u>

piano sonata no 5

salzburg
28-30
january
1966

cd: philips 438 4802/442 4642

aldeburgh
19 june
1966

lp: rococo 2145
cd: nuova era 013.6340
cd: memories HR 4366-4367
cd: notes PGP 11009
cd: music and arts CD 600
cd: bbc WMCU 00132

piano sonata no 7

florence
24 february
1968

lp: rococo 2145

prague
17 march
1968

cd: nuova era NE 2320
cd: notes PGP 11009
cd: memories HR 4366-4367

piano sonata no 8

prague
1 june
1956

cd: praga PR 254025/CMX 354001
cd: multisonic 310.0762/310.3362

london
29 march
1989

cd: philips 422 5832
also unpublished video recording

piano sonata no 13

salzburg
28-30
january
1966

cd: philips 438 4802/442 4642

prague
25 november
1966

cd: praga PR 254026/CMX 354001

piano sonata no 14

jouques
7 march
1990

cd: stradivarius STR 33303/
    STR 33354

zug
2 october
1991

cd: stradivarius STR 33343/
    STR 33354

ludwigsburg
15 october
1991

cd: philips 438 4802/442 4642

bochum
21 october
1992

cd: live classics LCL 422

piano sonata no 15 with added rondo

prague   cd: praga PR 254026/CMX 354001
1 june   cd: multisonic 310.0762/310.3362
1956

como   cd: philips 438 4802/442 4642
10 february
1989

piano sonata no 15 with added rondo, arranged for 2 pianos by grieg

oslo   leonskaja   cd: teldec 4509 908252
25 august
1993

piano sonata no 16

prague
1 june
1956

cd: praga PR 254026/CMX 354001
cd: multisonic 310.0762/310.3362

london
29 march
1989

cd: philips 422 5832
<u>also unpublished video recording</u>

piano sonata no 16, arranged for 2 pianos by grieg

schloss johannisberg
16 august
1993

leonskaja

cd: teldec 4509 908252

sonata for piano duet k521

aldeburgh
19 june
1966

britten

lp: rococo 2145
cd: nuova era 013.6339
cd: memories HR 4366-4367
cd: music and arts CD 721

sonata for 2 pianos k448

aldeburgh 20 june 1967	britten	cd: music and arts CD 709 rehearsal extract on vhs video warner/nvc arts 3984 230293

fantasy in c minor

kreuth 16 july 1991	cd: live classics LCL 611
zug 2 october 1991	cd: stradivarius STR 33343/ STR 33354
ludwigsburg 15 october 1991	cd: philips 438 4802/442 4642/ 454 1702/454 1662
bochum 21 october 1992	cd: live classics LCL 422

fantasy in c minor, arranged for 2 pianos by grieg

schloss johannisberg 16 august 1993	leonskaja	cd: teldec 4509 908252

variations on la belle françoise

prague 17 march 1968	lp: rococo 2145 cd: nuova era NE 2320 cd: notes PGP 11009 cd: memories HR 4366-4367 cd: as-disc AS 339

violin sonata no 21

moscow   kagaan   cd: live classics LCL 122
16 may
1975

violin sonata no 22

moscow   kagaan   cd: live classics LCL 122
16 may
1975

violin sonata no 23

tours   kagaan   lp: emi SLS 5020/
6-7   1C191 02600-02601/
july   2C165 02600-02601/
1974   3C165 02600-02601
                                lp: melodiya C10 09117-09120/
                                    C10 09117 006
                                cd: emi CDZ 767 0162

moscow   cd: live classics LCL 122
16 may
1975

violin sonata no 26

tours   kagaan   lp: emi SLS 5020/
6-7   1C191 02600-02601/
july   2C165 02600-02601/
1974   3C165 02600-02601
                                lp: melodiya C10 09117-09120/
                                    C10 09117 006
                                cd: emi CDZ 767 0162

moscow   kagaan   cd: eurodisc 258 316.231
17 december
1982

violin sonata no 27

tours
6-7
july
1974
	kagaan	lp: emi SLS 5020/
		   1C191 02600-02601/
		   2C165 02600-02601/
		   3C165 02600-02601
		lp: melodiya C10 09117-09120/
		   C10 09117 006

moscow 17 december 1982	kagaan	cd: eurodisc 258 316.231

violin sonata no 28

moscow 20 may 1975	kagaan	cd: live classics LCL 123

violin sonata no 30

moscow 20 may 1975	kagaan	cd: live classics LCL 123

violin sonata no 31

tours
6-7
july
1974
	kagaan	lp: emi SLS 5020/
		   1C191 02600-02601/
		   2C165 02600-02601/
		   3C165 02600-02601
		lp: melodiya C10 09117-09120/
		   C10 09117 006
		cd: emi CZS 767 0162

moscow 20 may 1975	kagaan	cd: live classics LCL 123

violin sonata no 32

moscow 20 may 1975	kagaan	cd: live classics LCL 123

allegro fragment for a violin sonata

tours
6-7
july
1974
	kagaan	lp: emi SLS 5020/
		    1C191 02600-02601/
		    2C165 02600-02601/
		    3C165 02600-02601
		lp: melodiya C10 09117-09120/
		    C10 09117 006
		cd: emi CZS 767 0162

moscow 20 may 1975	kagaan	cd: live classics LCL 123

piano quartet no 2

moscow 29-30 december 1982	tretyakov, bashmet, gutman	vhs video: warner/nvc arts 3984 230293 brief excerpt only

sehnsucht nach dem frühlinge, song

moscow 1953	dorliak sung in russian	lp: melodiya D026457-026458

das veilchen, song

moscow 1948	dorliak sung in russian	78: melodiya 15874-15875

MODEST MUSSORGSKY (1839-1881)

pictures from an exhibition

moscow
october
1952

cd: parnassus PACD 96/003-004

prague
14 november
1956

cd: praga PR 254034/CMX 354001

budapest
9 february
1958

lp: fabbri GMN 52
cd: music and arts CD 775
<u>CD 775 dated 19 february</u>

sofia
24 february
1958

lp: philips ABL 3314/A00583L/
    GL 5752/G03497L/6768 219/
    6780 502
lp: columbia (usa) ML 5600/Y 32223
cd: philips 420 7742/454 1662/
    454 1672

moscow
april-august
1958

lp: melodiya D04596-04597/
    D027178-027179/
    C10 04771-04772/C10 04771 000
lp: artia ALP 154
lp: bruno BR 41007
lp: eurodisc KK 80898
lp: melodiya (netherlands) 390.088
cd: rca/bmg 74321 294692/
    74321 294602
<u>also issued by victor in japan</u>

london
19 november
1968

cd: as-disc AS 334
cd: memories HR 4436-4437

naples
10 february
1969

cd: cetra 9075.037
<u>also private cd issue in italy</u>

the nursery, song cycle

moscow   dorliak   78: melodiya 26422-26425
1956   lp: melodiya D03132-03133/
                                       D033441-033442
                                   lp: eurodisc XAK 86942
                                   lp: chant du monde LDX 78584/
                                       LDXS 8294
                                   lp: monitor MC 2020/MCS 2020

FRANCIS POULENC (1899-1963)

aubade for piano and small orchestra "concert choréographique"

tours	paillard	lp: chant du monde LDXS 78585
3 july	chamber	lp: melodiya C10 06379-06380/
1965	orchestra	C10 06379 006
	paillard	cd: as-disc AS 333

SERGEI PROKOFIEV (1895-1953)

piano concerto no 1

moscow
1952
	moscow
	youth so
	kondrashin
		78: melodiya 021670-021673
		lp: melodiya D00735-00736/
		    D09897-09898/CM 04289-04290
		lp: chant du monde LDY 8122
		lp: eurodisc KK 74807/XGK 89831/
		    202 014.366
		lp: bruno BR 14042
		lp: classics club X 1027
		lp: saga XID 5160/XID 5314
		lp: period SPL 599
		lp: colosseum CRLP 186
		lp: concert hall CH 1316
		lp: emi 3C053 97786
		lp: miro MLP 8002
		lp: monitor MC 2131/MCS 2132
		lp: musical masterpiece society 61
		lp: columbia (usa) Y 34610
		cd: chant du monde LDC 278.950
		cd: rca/bmg 74321 294682/
		    74321 294602
		<u>also issued by victor in japan</u>

prague
may
1954
	prague so
	ancerl
		78: supraphon 11576-11577/
		    24410-24411
		lp: supraphon ALPV 250/DV 5229/
		    SUA 10264/B30R 0049/913.163
		lp: eurodisc XDK 87149
		lp: artia ALP 123/ALP 166
		lp: dg LPM 18 475
		lp: eterna 820 582
		cd: supraphon 11.02682

piano concerto no 5

warsaw
23-26
september
1958
	warsaw po
	rowicki
		lp: dg LPM 18 595/SLPM 138 075/
		    135 107/2538 073/2543 812
		lp: melodiya D027305-027306
		lp: muza MEX 3/XL 0055/SXL 0055
		lp: eterna 721 122/825 962
		lp: bruno BR 14042
		cd: dg 415 1192/449 7442
		excerpt
		vhs video: warner/nvc arts
		    3984 230293
		this excerpt may have been filmed at a concert performance at around same time as the recording sessions

moscow may 1967	moscow po kondrashin	cd: stradivarius STR 10024-10026 incorrectly dated 1961

london
3 november
1969
	lso
	maazel
		lp: emi ASD 2744/1C063 02161/
		    2C065 02161/3C065 02161
		lp: angel 36801
		lp: melodiya CM 03121-03122/
		    C10 03121 001
		cd: emi CMS 764 4292/CZS 568 6372

piano sonata no 2

prague 6 february 1965	cd: praga PR 250 015/PR 256 002
new york 22 april 1965	lp: rococo 2143 cd: nuova era NE 2363 cd: as-disc AS 340
vienna 20 february 1989	cd: philips 436 4512/458 8072
ludwigshafen 19 may 1994	cd: live classics LCL 472

excerpt from a performance of the sonata in toronto in 1964 on vhs video warner/nvc arts 3984 230293

piano sonata no 4

aldeburgh
19 june
1966

lp: rococo 2143
lp: discocorp RR 467
cd: as-disc AS 334
cd: music and arts CD 775
cd: bbc WMCU 00132

london
20 march
1989

cd: philips 438 6272/442 4642

piano sonata no 6

prague
16 november
1956

cd: praga PR 250 015/PR 256 002

new york
23 october
1960

lp: columbia (usa) M2L 282/ML 5833
lp: cbs BRG 72124

leningrad
16 april
1964

cd: leningrad masters LM 1324

moscow
2 may
1966

cd: revelation RV 10094

locarno
8 september
1966

cd: ermitage ERM 113
cd: originals SH 849
cd: philips 438 6272/442 4642/
    456 4462
third movement
cd: philips 454 1662/454 1712

tokyo
12 february
1981

cd: memoria 991.001

undated excerpt from a performance of the sonata on vhs video warner/
nvc arts 3984 230293

piano sonata no 7

moscow 16 april 1958	cd: parnassus PACD 96/001-002 cd: wergo 62212

moscow
29 june
1958
	lp: melodiya D04448-04449/
	   M10 04448 006
	lp: eurodisc KK 76623/ZK 80553/
	   XAK 88707
	lp: mk records DO 4448
	lp: artia ALP 154
	lp: bruno BR 14049
	lp: chant du monde LDX 78538/
	   LDXP 8249
	lp: musica et litera MEL 4000
	lp: wergo 60004
	lp: westminster WGM 8231
	cd: philips 456 9462
	cd: rca/bmg 74321 294702/
	   74321 294602
	<u>also issued by victor in japan;</u>
	<u>456 9462 incorrectly dated 1972</u>

moscow 10 may 1970	cd: revelation RV 10094

piano sonata no 8

new york
23 october
1960

lp: columbia (usa) M2L 282/ML 5834
lp: cbs BRG 72125

moscow
17 april
1961

cd: revelation RV 10094

london
28 july-
1 august
1961

lp: dg LPM 18 766/SLPM 138 766/
    2538 073/2543 812
lp: melodiya D09699-09700/
    CM 04145-04146/C10 04145 008
cd: dg 423 5732/447 3552/449 7442
cd: philips 456 5732

newark nj
22 march 1970

lp: rococo 2143

tours
8 july 1973

cd: pyramid PYR 13503

piano sonata no 9

prague
6 december 1956

cd: praga PR 250 015

moscow
1958

lp: melodiya D04448-04449/
    M10 04448 006
lp: mk records DO 4448
lp: bruno BR 14042
lp: chant du monde LDX 78538/
    LDXS 8249
lp: hall of fame HOF 528/HOFS 528
lp: monitor MC 2034/MCS 2034
lp: musica et litera MEL 4000
lp: wergo 60004
also issued by victor in japan

tokyo
6 march 1981

cd: memoria 991.001

undated excerpt from a performance of this sonata on vhs video warner/
nvc arts 3984 230293

cello sonata

moscow 1955	rostropovich	lp: melodiya D03454-03455/ D016677-016678 lp: eurodisc KK 74591 lp: chant du monde LDXS 78388 lp: monitor MC 2021/MCS 2021 lp: saga XID 5305 cd: revelation RV 10102 cd: emi CZS 572 0162/CZS 572 2962 <u>also issued by decca in germany;</u> <u>described by emi as world premiere</u> <u>performance of 1 march 1950</u>
rottach-egern 12 july 1992	gutman	cd: live classics LCL 641

flute sonata, first movement

moscow december 1984	vorozhtsova	laserdisc: crown (japan)

violin sonata no 1

moscow 19 march 1972	oistrakh	lp: melodiya C10 05003-05004/ C10 05003 007 lp: emi ASD 3105/3C065 97791 lp: angel 40268 lp: eurodisc MK 87954/XRK 27315 lp: chant du monde C 5003 lp: musical heritage society MHS 4577 lp: supraphon 111 2175 <u>also issued by victor in japan</u>
salzburg 20 august 1972	oistrakh	cd: orfeo C489 981B

visions fugitives nos 3, 4, 5, 6, 8, 9, 11, 14, 15 and 18

moscow
16 april
1958

cd: parnassus PACD 96/001-002

london
8 july
1961

cd: as-disc AS 334

salzburg
27 november
1979

cd: philips 438 6272/442 4642

tokyo
february-
march
1981

cd: memoria 991.002

<u>vision fugitif no 4 dated moscow 1958 on vhs video warner/nvc 3984 230293</u>

visions fugitives nos 3, 6 and 9

venice
17 november
1962

lp: dg LPM 18 950/SLPM 138 950/
    2538 073/2543 812/2548 286
cd: dg 423 5732/447 3552/
    449 7442/457 6672

visions fugitives nos 6, 8, 9, 15 and 18

new york
26 december
1960

lp: victor LM 2611/LSC 2611/
    RB 6611/SB 6611/AGL1-1279/
    GL 11279/VL 42268

paysage and sonatine pastorale/piano pieces op 59

new york
23 october
1960

lp: columbia (usa) M2L 282/ML 5833
lp: cbs BRG 72124

tokyo
february-
march
1981

cd: memoria 991.002

suggestion diabolique/piano pieces op 4

paris
14 october
1961

lp: chant du monde LDXS 8290
lp: melodiya D011753-011754/
    M10 11753 002
lp: vanguard VSD 2140/VRS 1102
lp: eurodisc 206 402.366
cd: vanguard OSV 8076

tokyo
february-
march
1981

cd: memoria 991.002

légende/piano pieces op 12

salzburg
27 november
1979

cd: philips 438 6272/442 4642/
    454 1662/454 1712

tokyo
february-
march
1981

cd: memoria 991.002

danse and valse/piano pieces op 32

salzburg
27 november
1979
        cd: philips 438 6272/442 4642

tokyo
february-
march
1981
        cd: memoria 991.002

rondo from the prodigal son/piano pieces op 52

tokyo
february-
march
1981
        cd: memoria 991.002

pensée no 3

new york
23 october
1960
        lp: columbia (usa) M2L 282/ML 5833
        lp: cbs BRG 72124

tokyo
february-
march
1981
        cd: memoria 991.002

5 piano pieces from cinderella: quarrel; gavotte; autumn fairy; oriental dance; waltz

moscow
16 april
1958
    cd: parnassus PACD 96/001-002

salzburg
27 november
1979
    cd: philips 438 6272/442 4642

tokyo
6 march
1981
    cd: memoria 991.001

gavotte from cinderella

moscow
december
1954
    cd: parnassus PACD 96/005-006

new york
23 october
1960
    lp: columbia (usa) M2L 282/ML 5833
    lp: cbs BRG 72125

new york
26 december
1960
    lp: victor LM 2611/LSC 2611/
        RB 6611/SB 6611/AGL1-1279/
        GL 11279/VL 42268

the fatherland awakens, song

moscow   dorliak   lp: melodiya D033441-033442
1951   lp: chant du monde LDX 78584
                                            lp: eurodisc XAK 86942

moscow   dorliak   lp: melodiya D026457-026458
21 november
1953

the sun has filled my room, song

moscow   dorliak   lp: melodiya D026457-026458
21 november   lp: chant du monde LDXS 8294
1953

the ugly duckling, song

moscow   dorliak   lp: melodiya D03132-03133/
1956   D033441-033442
                                           lp: eurodisc XAK 86942
                                           lp: chant du monde LDX 78584

songs: the green glade; beyond the hill; lullaby; in your brightness

moscow   dorliak   lp: melodiya D033441-033442
1951   lp: chant du monde LDX 78584
                                           lp: eurodisc XAK 86942

Sviatoslav RICHTER

BEETHOVEN
Sonata No. 3 in C, Op. 2, No. 3
Sonata No. 9 in E, Op. 14, No. 1
Sonata No. 22 in F, Op. 54
BRG 72022
Sonata No. 12 in A flat, Op. 26
Sonata No. 23 in F minor—
'Appassionata'
BRG 72023
HAYDN
Sonata No. 50 in C
SCHUMANN
Three Novelettes, Op. 21—No. 1 in F;
No. 2 in D; No. 8 in F sharp minor
BRG 72033
BEETHOVEN
Sonata in D, Op. 10, No. 3
RACHMANINOV
Ten Preludes, Op. 23 and Op. 32
BRG 72047
DEBUSSY
Suite Bergamasque; Images; L'Île Joyeuse
BRG 72034
ALL RECORDED
AT CARNEGIE HALL

LISZT
Piano Concerto No. 1 in E flat
Piano Concerto No. 2 in A
with
The London Symphony Orchestra
conducted by
Kyril Kondrashin
SABL 207 (s)   ABL 3401 (m)

MUSSORGSKY
Pictures from an Exhibition
ABL 3314 (m)

CONCERT
Schubert—Moment Musical in C, Op. 94;
Impromptu in E flat, Op. 90;
Impromptu in A flat, Op. 90;
CHOPIN—Etude in E, Op. 10;
LISZT—Valse Oubliée No. 1 in F sharp;
Valse Oubliée No. 2 in A flat;
Feux Follets (Etude d'éxècution transcendante No. 5 in B flat);
Harmonies du Soir (Etude d'éxècution transcendante No. 11 in D flat)
ABL 3301

 AND

THRILLING RECORDINGS BY THE FABULOUS
RICHTER

TCHAIKOVSKY—
Sonata in G major, Op. 37

SCHUMANN—
Humoreske in B flat, Op. 20
PMA 1044 (mono only)

"With this disc Richter adds to the profound reputation he has already won among gramophiles in this country"
LIONEL SALTER—The Gramophone

CESAR FRANCK—
Piano Quintet in F minor
With Isaak Zhuk,
Boris Veltman,
Morits Gurvich,
Isaak Buravsky
PMA 1042 (mono only)

"It is doubtful whether this work could be given a more satisfactory performance... for Richter and the quartet draw the utmost from the music"
E.M.G.

SCHUBERT—
Sonata in A minor, D.845
PMA 1049 (mono only)

"This performance of the Op. 42 A minor Sonata... is surpassingly beautiful, unfailingly poetic, and filled with warmth and human feeling"
ANDREW PORTER—The Gramophone

RACHMANINOV—
Concerto No. 1
With the Radio Symphony Orchestra of the U.S.S.R. conducted by Kurt Zanderling

J. S. BACH—
Concerto in D minor
With the National Symphony Orchestra of the U.S.S.R. conducted by Kurt Zanderling
PMA 1037 (mono only)

"Richter's unerring sense of phrase, his sensitive tonal colouring and his wonderful articulation recall, in fact, Rachmaninov's own magnificent playing"
LIONEL SALTER—The Gramophone

SVIATOSLAV RICHTER
Photo: By courtesy of
"Records and Recording"

"I believe Richter to be the greatest pianist in the world today"

ALEC ROBERTSON—
National & English Review

PARLOPHONE-ODEON

E.M.I. RECORDS LIMITED · E.M.I. HOUSE · 20 MANCHESTER SQUARE · LONDON · W.1

SERGEI RACHMANINOV (1873-1943)

piano concerto no 1

moscow	ussr so	78: melodiya 25737-25744
18 february	sanderling	lp: melodiya D02542-02543/
1955		D09897-09898/CM 04289-04290/
		C10 04289 008

lp: eurodisc KK 74807/XG 89831/
   202 014.316
lp: bruno BR 14025
lp: chant du monde LDX 78704/
   LDX 78699/LDM 8196/LDXP 8225
lp: monitor MC 2004/MCS 2004
lp: musicart MV 10015
lp: columbia (usa) Y 34610
lp: parlophone PMA 1037
lp: emi 3C053 97786
cd: chant du monde LDC 278.950
cd: rca/bmg GD 69049/74321 294672/
   74321 294602
cd: revelation RV 10064
<u>first movement</u>
lp: melodiya C10 13327-13328
<u>also issued by victor in japan and
by decca in germany</u>

piano concerto no 2

leningrad
18 february
1959
	leningrad po
	sanderling
		lp: melodiya D05216-05217/
		     M10 05216 006
		lp: mk records MK 5216/DO 5216
		lp: eurodisc KK 76623/ZK 80553/
		     XK 80575/XAK 88707/XGK 89831/
		     200 458.250
		lp: chant du monde LDX 58269/
		     LDX 78704
		lp: clarence 4001
		lp: bruno BR 14040/BR 41006
		lp: ember ECL 9001
		lp: everest SDBR 3345
		lp: hall of fame HOF 506/HOFS 506
		lp: monitor MC 2004
		lp: musicart MV 10017
		lp: musidisc RC 851
		lp: parliament PLP 134/PLPS 134/
		     WGM 1
		lp: period 1163
		lp: saga FDY 2062
		lp: supermajestic BBH 16220
		lp: vox PL 16220/VSPS 2/RPG 82004/
		     STPL 513360
		lp: westminster WGM 8231
		cd: chant du monde LDC 278.950
		cd: rca/bmg GD 69049/74321 294672/
		     74321 294602
		cd: revelation RV 10064
		also issued by victor in japan

warsaw 26-28 april 1959	warsaw po wislocki	lp: dg LPM 18 596/SLPM 138 076/ 2535 475/2726 020 lp: decca (usa) 12036/712036 lp: muza SX 0124/MEX 2/XL 0056 lp: eterna 820 178/825 178 cd: dg 415 1192/423 7722/447 4202

according to paul geffen melodiya also issued recordings of the 3rd and 4th piano concerti, as well as the paganini rhapsody, by rachmaninov and ormandy, incorrectly attributing them to richter; richter did not have these works in his repertoire

études-tableaux op 33 nos 1, 2 and 3

prague   cd: praga PR 254034/CMX 354001
2 june
1984

étude-tableau op 33 no 4

munich   lp: eurodisc 205 458.425
april   cd: eurodisc 610 075.231
1983   cd: olympia OCD 112/OCD 337/
                                    OCD 5013
                       <u>also issued by victor in japan</u>

prague   cd: praga PR 254034/CMX 354001
2 june
1984

étude-tableau op 33 no 5

moscow   cd: parnassus PACD 96/005-006
december
1954

munich   lp: eurodisc 205 458.425
april   cd: eurodisc 610 075.231
1983   cd: olympia OCD 112/OCD 337/
                                    OCD 5013
                       <u>also issued by victor in japan</u>

prague   cd: praga PR 254034/CMX 354001
2 june
1984

<u>études-tableaux op 33 nos 4 and 5 dated tokyo 1984 also on vhs video warner/nvc arts 3984 230293</u>

étude-tableau op 33 no 6

moscow
december
1954

cd: parnassus PACD 96/005-006

moscow
3 march
1966

cd: revelation RV 10064

aldeburgh
17 june
1975

lp: rococo 2120

étude-tableau op 33 no 8

munich
april
1983

lp: eurodisc 205 458.425
cd: eurodisc 610 075.231
cd: olympia OCD 112/OCD 337/
    OCD 5013
<u>also issued by victor in japan</u>

prague
2 june
1984

cd: praga PR 254034/CMX 354001

étude-tableau op 33 no 9

aldeburgh
17 june
1975

lp: rococo 2120

munich
april
1983

lp: eurodisc 205 458.425
cd: eurodisc 610 075.231
cd: olympia OCD 112/OCD 337/
    OCD 5013

prague
2 june
1984

cd: praga PR 254034/CMX 354001

études-tableaux op 39 nos 1 and 2

munich april 1983	lp: eurodisc 205 458.525 cd: eurodisc 610 075.231 cd: olympia OCD 337/OCD 5013 also issued by victor in japan

étude-tableau op 39 no 3

new york 22 april 1965	cd: claque CM 1001
moscow 3 march 1966	cd: revelation RV 10064
aldeburgh 19 june 1966	lp: discocorp RR 467 cd: music and arts CD 775 cd: bbc WMCU 00132
munich april 1983	lp: eurodisc 205 458.425 cd: eurodisc 610 075.231 cd: olympia OCD 337/OCD 5013 also issued by victor in japan

undated performance of this work on vhs video warner/nvc arts 3984 230293

étude-tableau op 39 no 4

moscow 3 march 1966	cd: revelation RV 10064
aldeburgh 19 june 1966	lp: discocorp RR 467 cd: music and arts CD 775 cd: bbc WMCU 00132
munich april 1983	lp: eurodisc 205 458.425 cd: eurodisc 610 075.231 cd: olympia OCD 337/OCD 5013 also issued by victor in japan

étude-tableau op 39 no 7

munich
april
1983

lp: eurodisc 205 458.425
cd: eurodisc 610 075.231
cd: olympia OCD 337/OCD 5013
<u>also issued by victor in japan</u>

étude-tableau op 39 no 9

moscow
3 march
1966

cd: revelation RV 10064

munich
april
1983

lp: eurodisc 205 458.425
cd: eurodisc 610 075.231
cd: olympia OCD 337/OCD 5013
<u>also issued by victor in japan</u>

<u>another sequence of études-tableaux, recorded in munich in july 1984, has also been published by melodiya in japan</u>

prélude op 23 no 1

moscow
december
1954

cd: parnassus PACD 96/001-002

new york
28 october
1960

lp: columbia (usa) ML 5725/72450
lp: cbs BRG 72047

newark nj
28 december
1960

lp: victor LM 2611/LSC 2611/RB 6611/
SB 6611/AGL1-1279/GL 11279/
VL 42268

manchester
8 october
1969

cd: as-disc AS 327

salzburg
15-29
september
1971

lp: eurodisc MK 85774/200 458.250/
204 377.250
lp: melodiya CM 03743-03744/
C10 03743 001
lp: chant du monde LDX 78539/
LDX 78600
lp: angel 40235
lp: emi 3C065 95093
lp: musical heritage society MHS 4407
lp: quintessence PMC 7198
cd: eurodisc 88.0095
cd: olympia OCD 337/OCD 5013
<u>also issued by victor in japan</u>

prélude op 23 no 2

moscow
december
1954

cd: parnassus PACD 96/001-002

warsaw
28 april-
2 may
1959

45: dg EPL 30 572/SEPL 121 572
45: eterna 520 334
lp: dg LPM 18 596/SLPM 138 076/
    135 139/2535 272/2535 475/
    2726 020
lp: eterna 820 178/825 178
lp: decca (usa) 12036/712036
lp: muza XL 0055/XL 0056/MEX 2
lp: melodiya D08099-08100/
    D009215-009216
lp: contour CC 7516
cd: dg 457 6672

new york
28 october
1960

lp: columbia (usa) ML 5725/72450
lp: cbs BRG 72047

manchester
8 october
1969

cd: as-disc AS 327

salzburg
15-29
september
1971

lp: eurodisc MK 85744/204 377.250
lp: melodiya CM 03743-03744/
    C10 03743 001
lp: chant du monde LDX 78539/
    LDX 78600
lp: angel 40235
lp: emi 3C065 95093
lp: musical heritage society MHS 4407
lp: quintessence PMC 7198
cd: eurodisc 88.0095
cd: olympia OCD 337/OCD 5013
<u>also issued by victor in japan</u>

<u>undated performance of this prélude on vhs video warner/nvc arts 3984 230293</u>

prélude op 23 no 4

moscow
december
1954

cd: parnassus PACD 96/001-002

warsaw
28 april-
2 may
1959

45: dg EPL 30 572/SEPL 121 572
lp: dg LPM 18 596/SLPM 138 076/
    135 139/2535 272/2535 475/
    2545 012/2721 204/2726 020/
    2726 511
lp: eterna 820 178/825 178
lp: decca (usa) 12036/712036
lp: muza XL 0055/XL 0056/MEX 2
lp: melodiya D08099-08100/
lp: contour CC 7516
cd: dg 457 6672

new york
28 october
1960

lp: columbia (usa) M2L 282/ML 5834
lp: cbs BRG 72125

manchester
8 october
1969

cd: as-disc AS 327

salzburg
15-29
september
1971

lp: eurodisc MK 85744/204 377.250
lp: melodiya CM 03743-03744/
    C10 03743 001
lp: chant du monde LDX 78539/
    LDX 78600
lp: angel 40235
lp: emi 3C065 95093
lp: musical heritage society MHS 4407
lp: quintessence PMC 7198
cd: eurodisc 88.0095
cd: olympia OCD 337/OCD 5013
<u>also issued by victor in japan</u>

prélude op 23 no 5

moscow
april
1958

cd: parnassus PACD 96/001-002

warsaw
28 april–
2 may
1959

45: dg EPL 30 572/SEPL 121 572
45: eterna 520 334
lp: dg LPM 18 596/SLPM 138 076/
    135 139/2535 272/2535 475/
    2721 204/2726 020
lp: eterna 820 178/825 178
lp: decca (usa) 12036/712036
lp: muza XL 0055/XL 0056/MEX 2
lp: melodiya D08099-08100/
    D009215-009216
lp: contour CC 7516
cd: dg 457 6672

new york
28 october
1960

lp: columbia (usa) M2L 282/ML 5834
lp: cbs BRG 72125

manchester
8 october
1969

cd: as-disc AS 327

salzburg
15–29
september
1971

lp: eurodisc MK 85744/204 377.250
lp: melodiya CM 03743-03744/
    C10 03743 001
lp: chant du monde LDX 78539/
    LDX 78600
lp: angel 40235
lp: emi 3C065 95093
lp: musical heritage society MHS 4407
lp: quintessence PMC 7198
cd: eurodisc 88.0095
cd: olympia OCD 337/OCD 5013
<u>also issued by victor in japan</u>

prélude op 23 no 7

moscow december 1954	cd: parnassus PACD 96/005-006
moscow april 1958	cd: parnassus PACD 96/001-002

warsaw
28 april-
2 may
1959
	45: dg EPL 30 572/SEPL 121 572
	45: eterna 520 334
	lp: dg LPM 18 596/SLPM 138 076/
	    135 139/2535 272/2535 475/
	    2726 020
	lp: eterna 820 178/825 178
	lp: decca (usa) 12036/712036
	lp: muza XL 0055/XL 0056/MEX 2
	lp: melodiya D08099-08100
	lp: contour CC 7516
	cd: dg 457 6672

new york 30 october 1960	lp: sony (japan) SONC 15066
salzburg 15-29 september 1971	lp: eurodisc MK 85744/204 377.250 lp: melodiya CM 03743-03744/ C10 03743 001 lp: chant du monde LDX 78539 lp: angel 40235 lp: emi 3C065 95093 lp: musical heritage society MHS 4407 lp: quintessence PMC 7198 cd: eurodisc 88.0095 cd: olympia OCD 337/OCD 5013 <u>also issued by victor in japan</u>

prélude op 23 no 8

moscow
december
1954

cd: parnassus PACD 96/001-002

new york
28 october
1960

lp: columbia (usa) ML 5725/72450
lp: cbs BRG 72047

manchester
8 october
1969

cd: as-disc AS 327

salzburg
15-29
september
1971

lp: eurodisc MK 85744/200 458.250/
    204 377.250
lp: melodiya CM 03743-03744/
    C10 03743 001
lp: chant du monde LDX 78539
lp: angel 40235
lp: emi 3C065 95093
lp: musical heritage MHS 4407
lp: quintessence PMC 7158
cd: eurodisc 88.0095
cd: olympia OCD 337/OCD 5013
<u>also issued by victor in japan</u>

prélude op 32 no 1

moscow
december
1954

cd: parnassus PACD 96/001-002

warsaw
28 april-
2 may
1959

45: dg EPL 30 572/SEPL 121 572
lp: dg LPM 18 596/SLPM 138 076/
    135 139/2535 272/
    2535 475/2726 020
lp: eterna 820 178/825 178
lp: decca (usa) 12036/712036
lp: muza XL 0055/MEX 2
lp: melodiya D08099-08100
lp: contour CC 7516
cd: dg 419 0682/457 6672

new york
28 october
1960

lp: columbia (usa) ML 5725/72450
lp: cbs BRG 72047

manchester
8 october
1969

cd: as-disc AS 327

salzburg
15-29
september
1971

lp: eurodisc MK 85744/200 458.250/
    204 377.250
lp: melodiya CM 03743-03744/
    C10 03743 001
lp: chant du monde LDX 78539
lp: angel 40235
lp: emi 3C065 95093
lp: musical heritage society MHS 4407
lp: quintessence PMC 7198
cd: eurodisc 88.0095
cd: olympia OCD 337/OCD 5013
<u>also issued by victor in japan</u>

prélude op 32 no 2

moscow
december
1954

cd: parnassus PACD 96/001-002/
    PACD 96/005-006
these may be 2 separate performances

warsaw
28 april-
2 may
1959

45: eterna 520 334
lp: dg LPM 18 596/SLPM 138 076/
    135 139/2535 272/
    2535 475/2726 020
lp: eterna 820 178/825 178
lp: decca (usa) 12036/712036
lp: muza XL 0055/MEX 2
lp: melodiya D08099-08100
lp: contour CC 7516
cd: dg 419 0682/457 6672

new york
28 october
1960

lp: columbia (usa) ML 5725/72450
lp: cbs BRG 72047

manchester
8 october
1969

cd: as-disc AS 327

salzburg
15-29
september
1971

lp: eurodisc MK 85744/200 458.250/
    204 377.250
lp: melodiya CM 03743-03744/
    C10 03743 001
lp: chant du monde LDX 78539
lp: angel 40235
lp: emi 3C065 95093
lp: musical heritage society MHS 4407
lp: quintessence PMC 7198
cd: eurodisc 88.0095
cd: olympia OCD 337/OCD 5013
also issued by victor in japan

prélude op 32 no 6

new york
28 october
1960

lp: columbia (usa) ML 5725/72450
lp: cbs BRG 72047

manchester
8 october
1969

cd: as-disc AS 327

salzburg
15-29
september
1971

lp: eurodisc MK 85744/204 377.250
lp: melodiya CM 03743-03744/
   C10 03743 001
lp: chant du monde LDX 78539
lp: angel 40235
lp: emi 3C065 95093
lp: musical heritage society MHS 4407
lp: quintessence PMC 7198
lp: supraphon 111 1688
cd: eurodisc 88.0095
cd: olympia OCD 337/OCD 5013
<u>also issued by victor in japan</u>

prélude op 32 no 7

moscow
december
1954

cd: parnassus PACD 96/001-002

new york
28 october
1960

lp: columbia (usa) ML 5725/72450
lp: cbs BRG 72047

manchester
8 october
1969

cd: as-disc AS 327

salzburg
15-29
september
1971

lp: eurodisc MK 85744/204 377.250
lp: melodiya CM 03743-03744/
 C10 03743 001
lp: chant du monde LDX 78539
lp: angel 40235
lp: emi 3C065 95093
lp: musical heritage society MHS 4407
lp: quintessence PMC 7198
lp: supraphon 111 1688
cd: eurodisc 88.0095
cd: olympia OCD 337/OCD 5013
also issued by victor in japan

prélude op 32 no 9

moscow
december
1954

cd: parnassus PACD 96/001-002

new york
28 october
1960

lp: columbia (usa) ML 5725/72450
lp: cbs BRG 72047

new york
28 december
1960

lp: victor LM 2611/LSC 2611/RB 6611/
    SB 6611/AGL1-1279/GL 11279/
    VL 42268

manchester
8 october
1969

cd: as-disc AS 327

salzburg
15-29
september
1971

lp: eurodisc MK 85744/204 377.250
lp: melodiya CM 03743-03744/
    C10 03743 001
lp: chant du monde LDX 78539
lp: angel 40235
lp: emi 3C065 95093
lp: musical heritage society MHS 4407
lp: quintessence PMC 7198
cd: eurodisc 88.0095
cd: olympia OCD 337/OCD 5013
<u>also issued by victor in japan</u>

prélude op 32 no 10

moscow
december
1954

cd: parnassus PACD 96/001-002

new york
28 october
1960

lp: columbia (usa) ML 5725/72450
lp: cbs BRG 72047

new york
28 december
1960

lp: victor LM 2611/LSC 2611/RB 6611/
 SB 6611/AGL1-1279/GL 11279/
 VL 42268

manchester
8 october
1969

cd: as-disc AS 327

salzburg
15-29
september
1971

lp: eurodisc MK 85744/204 377.250
lp: melodiya CM 03743-03744/
 C10 03743 001
lp: chant du monde LDX 78539/
 LDX 78600
lp: angel 40235
lp: emi 3C065 95093
lp: musical heritage society MHS 4407
lp: quintessence PMC 7198
cd: eurodisc 88.0095
cd: olympia OCD 337/OCD 5013
<u>also issued by victor in japan</u>

prélude op 32 no 12

moscow december 1954	cd: parnassus PACD 96/001-002
sofia 24 february 1958	lp: philips L77414L/A00534L cd: philips 456 9462
moscow april 1958	cd: parnassus PACD 96/001-002
new york 28 october 1960	lp: columbia (usa) ML 5725/72450 lp: cbs BRG 72047
new york 30 october 1960	lp: sony (japan) SONC 15066
venice 17 november 1962	lp: dg LPM 18 950/SLPM 138 950/ 2548 286 cd: dg 447 3552/457 6672
manchester 8 october 1969	cd: as-disc AS 327
salzburg 15-29 september 1971	lp: eurodisc MK 86744/204 377.250 lp: melodfiya CM 03743-03744/ C10 03743 001 lp: chant du monde LDX 78539 lp: angel 40235 lp: emi 3C065 95093 lp: musical heritage society MHS 4407 lp: quintessence PMC 7198 cd: eurodisc 88.0095 cd: olympia OCD 337/OCD 5013 also issued by victor in japan
moscow 10 october 1976	cd: music and arts CD 775
salzburg 26 august 1977	cd: music and arts CD 1019

moment musical in c

aldeburgh lp: rococo 2120
17 june
1975

polka de vr

aldeburgh lp: rococo 2120
17 june
1975

mélodie and polichinelle/piano pieces op 3

aldeburgh lp: rococo 2120
17 june
1975

romance/piano pieces op 10

aldeburgh   lp: rococo 2120
17 june
1975

how fair this spot, song

moscow   dorliak   lp: melodiya D026457-026458/
21 november   D03132-03133
1953   lp: chant du monde LDXS 8294

loneliness, song

moscow   dorliak   lp: melodiya D026457-026458
21 november   lp: chant du monde LDXS 8294
1953

miscellaneous rachmaninov piano pieces recorded in moscow in january 1982 and issued on cd by crown in japan

MAURICE RAVEL (1875-1937)

piano concerto for the left hand

genua	teatro	cd: stradivarius STR 10024-10026
14-16	communale	
june	orchestra	
1969	muti	

alborada del gracioso

moscow   cd: parnassus PACD 96/005-006
december
1954

new york   cd: claque GM 1001
22 april
1965

<u>excerpt from this work dated toronto 1964 on vhs video warner/nvc arts 3984 230293</u>

le gibet/gaspard de la nuit

moscow   cd: parnassus PACD 96/005-006
december
1954

jeux d'eau

moscow   cd: parnassus PACD 96/005-006
december
1954

new york   lp: sony (japan) SONC 15065
30 october
1960

new york   lp: victor LM 2611/LSC 2611/RB 6611/
28 december   SB 6611/AGL1-1279/GL 11279/
1960   VL 42268

miroirs

prague					cd: praga PR 254057/CMX 354001
2 september
1965

munich					cd: live classics LCL 481
16 may
1992

oiseaux tristes/miroirs

new york				lp: sony (japan) SONC 15066
28 october
1960

vallée des cloches/miroirs

new york				lp: victor LM 2611/LSC 2611/RB 6611/
28 december				SB 6611/AGL1-1279/GL 11279/
1960					VL 42268

pavane pour une infante défunte

moscow					cd: parnassus PACD 96/005-006
december
1954

new york				lp: sony (japan) SONC 15065
30 october
1960

valses nobles et sentimentales

moscow
december
1954
cd: parnassus PACD 96/005-006

prague
2 september
1956
cd: praga PR 254057/CMX 354001

new york
19 april
1965
cd: as-disc AS 346

ludwigshafen
19 may
1994
cd: live classics LCL 472

excerpt from this work dated tours 1964 on vhs video warner/nvc arts 3984 230293

piano trio

moscow   kagaan,
18 september   gutman
1983
cd: live classics LCL 174

MAX REGER (1873-1916)

variations and fugue on a theme of beethoven for 2 pianos

kreuth   lucewicz   cd: live classics LCL 482
3 july
1994

JAN ADAM REINKEN (1623-1722)

sonata in c, arranged by bach

france june 1991	cd: stradivarius STR 33323/ STR 33354

NIKOLAI RIMSKY-KORSAKOV (1844-1908)

piano concerto

moscow 1950	moscow youth so kondrashin	78: melodiya 017956-017957 lp: melodiya D0391-0392/ C04683-04684 lp: eurodisc XG 89831 lp: bruno BR 14040 lp: colosseum CRLP 158 lp: chant du monde LDY 8127 lp: clarence 4001 lp: concert hall CH 1316 lp: discocorp RR 516 lp: everest SDBR 3393 lp: miro MLP 8002 lp: monitor MC 2004/MC 2131/ MCS 2131 lp: musical masterpieces SOC 67 lp: musicart MV 10017 lp: period SHO 333/SHOST 333 lp: saga XID 5314 lp: vedette VMC 3019/VSC 4019 cd: chant du monde LDC 278.950 cd: rca/bmg 74321 294682/ 74321 294602

CAMILLE SAINT-SAENS (1835-1921)

piano concerto no 2

tours 22 june 1993	latvian so magi	vhs video: warner/nvc arts 3984 230293 brief excerpt only

piano concerto no 5

moscow 1951	moscow youth so kondrashin	lp: melodiya D0833-0834/ D019039-019340 lp: chant du monde LDA 8128/ LDX 78699 lp: hall of fame HOF 525/HOFS 525 lp: monitor MC 2004/MC 2131 lp: period SHO 333/SHOST 333/ SHOST 1163 lp: vedette VMC 3019/VCS 4019 lp: eurodisc 205 577.366 cd: rca/bmg 74321 294662/ 74321 294602 also issued on lp by shinei in japan
schwetzingen 30 may 1993	sdr orchestra eschenbach	cd: originals SH 810 also issued by victor in japan

cello sonata no 1

rottach-egern 12 july 1992	gutman	cd: live classics LCL 641

FRANZ SCHUBERT (1797-1828)

piano sonata no 6

aldeburgh 20 june 1964	lp: rococo 2121 cd: as-disc AS 325 cd: historical performers HPS 10 cd: music and arts CD 642
munich 23 july 1978	cd: melodiya (japan) VICC 60077

piano sonata no 9

aldeburgh 21 june 1966	lp: penzance PR 22 cd: music and arts CD 600
tokyo 7-24 february 1979	lp: victor (japan) VIC 28012 lp: eurodisc 203 728.425 lp: chant du monde LDX 78726-78727 lp: emi SLS 5289/1C157 65040-65041 lp: ricordi ARCL 227003 lp: melodiya C10 15309-15310 cd: eurodisc 880 013.231 cd: olympia OCD 286/OCD 5012
london 31 march 1979	cd: bbc WMCU 00102/BBCL 40102
hohenems 24 june 1979	cd: philips 438 4832/442 4642 <u>according to paul geffen this version was actually recorded in florence on 12 june 1966</u>

piano sonata no 11

munich
23 july
1978

cd: melodiya (japan) VICC 60076

tokyo
7-24
february
1979

lp: victor (japan) VIC 28012
lp: eurodisc 203 728.425
lp: chant du monde LDX 78726-78727
lp: emi SLS 5289/1C157 65040-65041
lp: ricordi ARCL 227003
lp: melodiya C10 15309-15310
cd: eurodisc 880 013.231
cd: olympia OCD 286/OCD 5012

london
31 march
1979

cd: bbc WMCU 00102/BBCL 40102

piano sonata no 13

paris
11 february-
11 april
1963

lp: hmv ALP 2011/ASD 561
lp: hmv (france) FALP 788/ASDF 788/
    CVB 1788/CVL 788
lp: hmv (italy) QALP 10379
lp: electrola E 80692/SME 80692
lp: angel 36150/32078
lp: emi SXLP 30297/1C063 00299/
    2C069 00299/3C065 00299
cd: emi CMS 764 4292/CZS 767 1972

munich
23 july
1978

cd: melodiya (japan) VICC 60077

tokyo
1-7
february
1979

lp: victor (japan) VIC 28007
lp: eurodisc 203 476.425
lp: chant du monde LDX 78726-78727
lp: emi SLS 5289/1C157 65040-65041
lp: ricordi ARCL 227003
lp: melodiya C10 15349-15350
lp: vox C 9027/DVCL 9027
cd: eurodisc 880 011.231
cd: olympia OCD 288/OCD 5012

london
31 march
1979

cd: bbc WMCU 00102/BBCL 40102

piano sonata no 14

tokyo
1-7
february
1979

lp: victor (japan) VIC 28007
lp: eurodisc 203 476.425
lp: chant du monde LDX 78726-78727
lp: emi SLS 5289/1C157 65040-65041
lp: ricordi ARCL 227003
lp: vox C9027/DVCL 9027
lp: melodiya C10 15349-15350
cd: eurodisc 880 011.231
cd: olympia OCD 288/OCD 5012

london
31 march
1979

cd: bbc WMUC 00112

piano sonata no 15

paris
19-20
october
1961

lp: chant du monde LDX 8295/
    LDX 7943/LDXS 78295
lp: concert hall CM 2251
lp: hall of fame HOF 528/HOFS 528
lp: monitor MC 2057/MCS 2057
lp: melodiya D011755-011756/
    M10 11755 007
cd: monitor 55.008

leverkusen
17 december
1979

cd: philips 416 2922/416 2892/
    438 4832/442 4642

piano sonata no 16

moscow
2 march
1957

lp: melodiya D04594-04595/
    M10 04594 004
lp: mk records MK 5002/DO 4594
lp: eurodisc XAK 86041/204 374.250
lp: monitor MC 2027/MCS 2027
lp: parlophone PMA 1049
cd: monitor 55.012
cd: rca/bmg GD 69050/74321 294632/
    74321 294602
<u>also issued by victor in japan and
by decca in germany</u>

piano sonata no 17

prague
14 june
1956

cd: praga PR 254031/CMX 354001

moscow
11 august
1956

lp: melodiya D03638-03639
lp: mk records DO 3638
lp: monitor MC 2043/MCS 2043
cd: rca/bmg 74321 294632/
    74321 294602
<u>also issued by victor in japan</u>

piano sonata no 18

aldeburgh
27 september
1977

vhs video: warner/nvc arts
   3984 230293
<u>excerpts only</u>

london
20 march
1989

cd: philips 438 4832/442 4642

piano sonata no 19

budapest
9 february
1958

lp: longanesi GCL 26
cd: as-disc AS 325
cd: memories HR 4436-4437
cd: historical performers HPS 10

salzburg
12 august
1972

lp: melodiya CM 04177-04178/
   C10 04177 001
lp: eurodisc MK 85792
lp: chant du monde LDX 7943/
   LDX 78560
lp: angel 40254
lp: columbia (usa) M 35151
lp: quintessence PMC 7208
cd: eurodisc 880 091.231
cd: rca/bmg GD 69050
cd: olympia OCD 335/OCD 5012
<u>also issued by victor in japan</u>

piano sonata no 21

aldeburgh
20 june
1964

cd: music and arts CD 642

salzburg
6-11
august and
november
1972

lp: eurodisc MK 86222
lp: chant du monde LDX 7943/
lp: emi SLS 890
lp: melodiya CM 04187-04188/
    C10 04187 008
cd: eurodisc 880 092.250
cd: olympia OCD 335/OCD 5012
<u>also issued by victor in japan</u>

prague
24 september
1972

cd: praga PR 254032/CMX 354001

wanderer fantasy

paris
11 february-
11 april
1963

lp: hmv ALP 2011/ASD 561
lp: hmv (france) FALP 788/ASDF 788
lp: hmv (italy) QALP 10379
lp: electrola E 80692/SME 80692
lp: emi SXLP 30297/1C063 00299/
    2C069 00299/3C065 00299
lp: angel 36150
cd: emi CDC 747 9672/CDR 572 5672/
    CDR 572 5792/CMS 764 4292/
    CZS 767 1972

impromptu d899 no 2

moscow
1950

78: melodiya 021051-021052
lp: melodiya D00369-00370/
　　D04594-04595/D011777-011778
lp: eurodisc XAK 86041
lp: mk records MK 5002/DO 4594
lp: hall of fame HOF 525/HOFS 525
lp: monitor MC 2027/MCS 2027
cd: monitor 55.012

sofia
february
1958

45: philips ABE 10211/SBF 249
lp: philips ABL 3301/A00584L/
　　6768 219/6780 502/GL 5677
lp: columbia (usa) ML 5396
cd: philips 420 7742/454 1662/
　　454 1672/456 9462

tokyo
1-24
february
1979

lp: victor (japan) VIC 28047
lp: eurodisc 204 005.425
lp: emi SLS 5289/1C157 65040-65041
lp: ricordi OCL 16203
lp: melodiya C10 16399 002
cd: olympia OCD 288/OCD 5012
<u>also issued by victor in japan</u>

impromptu d899 no 4

sofia
25 february
1958

45: philips ABE 10212
lp: philips ABL 3301/A00584L/
    6768 219/6780 052
lp: columbia (usa) ML 5396
cd: philips 420 7742/454 1662/
    454 1672/456 9462

new york
19 october
1960

lp: sony (japan) SONC 15066

prague
24 september
1972

cd: praga PR 254032/CMX 354001

munich
23 july
1978

cd: melodiya (japan) VICC 60077

tokyo
1-24
february
1979

lp: victor (japan) VIC 28047
lp: eurodisc 204 005.425
lp: emi SLS 5289/1C157 65040-65041
lp: ricordi OCL 16203
lp: melodiya C10 16399 002
cd: olympia OCD 288/OCD 5012
<u>also issued by victor in japan</u>

impromptu d935 no 2

moscow
1950

lp: melodiya D00369-00370/
    D04594-04595/D011777-0111778/
    CM 04165-04166/M10 04594 004/
    C10 04165 000
lp: eurodisc ZK 78347/XAK 86041/
    XAK 87474/204 374.250
lp: columbia (usa) M 33826
lp: hall of fame HOF 525/HOFS 525
lp: mk records MK 5002/DO 4594
lp: monitor MC 2027/MCS 2027
cd: monitor 50012
cd: rca/bmg GD 69050/74321 294652/
    74321 294602

salzburg
26 september
1971

lp: eurodisc MK 85792/XB 25296
lp: chant du monde LDX 7943/
    LDX 78560
lp: melodiya CM 04177-04178/
    C10 04177 001
lp: angel 40254
lp: quintessence PMC 7208
cd: eurodisc 88.0091
<u>also issued by victor in japan</u>

moment musical no 1

moscow
1950

78: melodiya 20857-20858
lp: melodiya D019217-019218/
    CM 04165-04166/C10 04165 000
lp: eurodisc XAK 87474
lp: columbia (usa) M 33826
cd: rca/bmg 74321 294652/
    74321 294602

sofia
february
1958

45: philips ABE 10212
lp: philips ABL 3301/A00584L/
    6768 219/6780 502
lp: columbia (usa) ML 5396
cd: philips 420 7742/454 1662/
    454 1672/456 9462

munich
23 july
1978

cd: melodiya (japan) VICC 60077

tokyo
13 february
1979

lp: victor (japan) VIC 28047
lp: eurodisc 204 005.425
lp: emi SLS 5289/1C157 65040-65041
lp: ricordi OCL 16203
lp: melodiya C10 16399-16310/
    C10 16399 002
cd: olympia OCD 286/OCD 5012

moment musical no 3

moscow
1950

lp: melodiya D019217-019218/
    CM 04165-04166/C10 04165 000
lp: eurodisc XAK 87474
lp: columbia (usa) M 33826
cd: rca/bmg 74321 294652/
    74321 294602

paris
19-20
october
1961

lp: chant du monde LDX 8295/
    LDX 7943/LDXS 78295
lp: concert hall CM 2251
lp: hall of fame HOF 528/HOFS 528
lp: melodiya D011755-011756/
    M10 11755 007

munich
23 july
1978

cd: melodiya (japan) VICC 60077

tokyo
13 february
1979

lp: victor (japan) VIC 28047
lp: eurodisc 204 005.425
lp: emi SLS 5289/1C157 65040-65041
lp: ricordi OCL 16203
lp: melodiya C10 16399-16400/
    C10 16399 002
cd: olympia OCD 286/OCD 5012

moment musical no 6

moscow
1950

lp: melodiya D019217-019218/
    CM 04165-04166/C10 04165 000
lp: eurodisc XAK 87474
lp: columbia (usa) M 33826
cd: rca/bmg 74321 294652/
    74321 294602

aldeburgh
22 june
1965

lp: rococo 2121
cd: music and arts CD 722

tokyo
13 february
1979

lp: victor (japan) VIC 28047
lp: eurodisc 204 005.425
lp: emi SLS 5289/1C157 65040-65041
lp: ricordi OCL 16203
lp: melodiya C10 16399-16400/
    C10 16399 002
cd: olympia OCD 286/OCD 5012

allegretto in c minor

paris
19-20
october
1961

lp: chant du monde LDX 8295/
    LDX 7943/LDXS 78295
lp: concert hall CM 2251
lp: hall of fame HOF 528/HOFS 528
lp: monitor MC 2057/MCS 2057
lp: melodiya D011755-011756/
    M10 11755 007

florence
23 october
1962

lp: dg LPM 18 950/SLPM 138 950/
    2548 286
cd: dg 447 3552/457 6672

andantino varié in b minor for piano duet

aldeburgh	britten	lp: rococo 2121
22 june		cd: music and arts CD 722
1965		

fantasy in f minor for piano duet

aldeburgh	britten	lp: rococo 2121
22 june		cd: as-disc AS 328
1965		cd: music and arts CD 722

grand duo (rondo) in a for piano duet

aldeburgh	britten	lp: rococo 2121
22 june		cd: as-disc AS 328
1965		cd: music and arts CD 721

klavierstück in a

aldeburgh	lp: columbia (usa) M3-35197
27 september	lp: cbs 79316
1977	

4 ländler op posth.

paris
19-20
october
1961
	lp: chant du monde LDX 8295/
	    LDX 7943/LDXS 78295
	lp: concert hall CM 2251
	lp: hall of fame HOF 528/HOFS 528
	lp: monitor MC 2057/MCS 2057
	lp: melodiya D011755-011756/
	    M10 11755 007

florence 23 october 1962	lp: dg LPM 18 950/SLPM 138 950/ 2548 286 cd: dg 447 3552/457 6672
aldeburgh 27 september 1977	lp: columbia (usa) M3-35197 lp: cbs 79316

scherzo in d flat

aldeburgh 27 september 1977	lp: columbia (usa) M3-35197 lp: cbs 79316

variations on a theme by hüttenbrenner

manchester 8 october 1969	cd: as-disc AS 325 cd: historical performers HPS 10 cd: bbc WMCU 00112

variations on an original theme for piano duet

aldeburgh 20 june 1964	lp: rococo 2121 cd: as-disc AS 328 cd: music and arts CD 722

violin sonata in a

tours 2 july 1967	oistrakh	lp: rococo 2097
paris 4 december 1968	oistrakh	cd: chant du monde LDC 278.855
moscow december 1985	kagaan	cd: live classics LCL 172

piano quintet in a "trout"

hohenems
18 june
1980
	members of borodin string quartet, hörtnagel	lp: emi ASD 4032/1C063 43041/
		    2C069 43041/3C065 43041
		lp: angel 37846
		cd: emi CDC 747 0092/CDR 572 5672/
		    CDR 572 5792

die winterreise, song cycle

dresden 17 february 1985	schreier	lp: philips 416 1941 lp: eterna 827 992 cd: philips 416 2892/442 3602
moscow 10 december 1985	schreier	lp: melodiya C10 00289 006 also unpublished video recording

die krähe/die winterreise

moscow   dorliak   lp: melodiya D009307-009308/
1956   sung in russian   D026457-026458

die post/die winterreise

moscow   dorliak   lp: melodiya D026457-026458
19 november   sung in russian
1953

abschied/schwanengesang

moscow   dorliak   lp: melodiya M10 46751 001
19 november   sung in russian
1953

salzburg   fischer-dieskau   cd: orfeo C334 931B/C339 930T
29 august
1977

die taubenpost/schwanengesang

moscow   dorliak   lp: melodiya D009307-009308/
1956   sung in russian   D026457-026458

lied der mignon/goethe-lieder

moscow   dorliak   lp: melodiya D009307-009308/
1956   sung in russian   D026457-026458

sei mir gegrüsst

moscow   dorliak   lp: melodiya D026457-026458/
19 november   sung in russian   M10 46751 001
1953

lieder: die sterne; fischerweise

tours   fischer-dieskau   lp: dg 2530 988
2-4   cd: dg 423 0552/445 7172
july
1977

salzburg   fischer-dieskau   cd: orfeo C334 931B/C339 930T
29 august
1977

lieder: des sängers habe; wehmut; der strom; das zügenglöckchen;
abendbilder; auf der donau; der schiffer; totengräbers heimweh;
am fenster; liebeslauschen; der wanderer; auf der bruck;
im frühling; aus heliopolis

tours 2-4 july 1977	fischer-dieskau	lp: dg 2530 988 lp: dg 445 7172 rehearsal performance of liebeslauschen on vhs video warner/nvc arts 3984 230293; rehearsal performances of im frühling and auf der bruck on vhs video warner/nvc arts 3984 230313 (fischer-dieskau documentary)
salzburg 29 august 1977	fischer-dieskau	cd: orfeo C334 931B/C339 930T

lieder: versunken; die vögel; nachtviolen; der einsame; geheimes;
nacht und träume

salzburg 29 august 1977	fischer-dieskau	cd: orfeo C334 931B/C339 930T

ROBERT SCHUMANN (1810-1856)

piano concerto

moscow
1954
	moscow ro
	gauk
		lp: melodiya D02295-02296
		lp: bruno BR 14041
		lp: hall of fame HOF 509
		lp: joker SM 1084
		lp: monitor MC 2026/MC 2050/
		  MCS 2026/MCS 2050
		lp: musicart MV 10007
		lp: napoleon NLC 16026
		lp: period SHO 341/SHOST 2341/1163
		lp: vedette VMC 3036/VSC 4036
		lp: vox STPL 516500/STPL 513370/
		  VSPS 2
		cd: multisonic 310 2682

warsaw
11-12
october
1958
	warsaw po
	rowicki
		lp: dg LPM 18 597/SLPM 138 077/
		  SLPE 133 271/135 153/2535 181/
		  2538 025/2721 204
		lp: muza SXL 0054/MEX 4
		lp: eterna 720 210/820 483/825 483
		cd: dg 427 1982/447 4402

salzburg 17 august 1972	vpo muti	lp: rococo 2084

monte-carlo
25-30
november
1974
	monte-carlo
	opera orchestra
	matacic
		lp: emi ASD 3133/1C063 02615/
		  2C065 02615/3C065 02615
		lp: angel 36899
		lp: melodiya C07953-07954/
		  C10 07953 007
		lp: hungaroton SLPX 12078
		cd: emi CDC 747 1642

introduction and allegro appassionato

warsaw 29 april 1959	warsaw po wislocki	lp: dg LPM 18 597/SLPM 138 077/ 　　2535 181/2705 014 lp: bruno BR 14051 lp: muza SXL 0054/MEX 4 lp: eterna 720 126/725 007/820 483 cd: dg 447 4402
aldeburgh 16 june 1965	english co britten	cd: as-disc AS 329 cd: stradivarius STR 10024-10026 cd: music and arts CD 776

piano sonata no 2

italy
october-
november
1962

lp: hmv ALP 1969/ASD 520
lp: hmv (france) FALP 761/ASDF 761
lp: hmv (italy) QALP 10355/ASDQ 5321
lp: electrola E 80737/SME 80737
lp: angel 36104
lp: melodiya D026947-026948/
　　M10 26947 002
lp: world records T 692/ST 692
lp: emi 1C063 01045/2C065 01045/
　　3C065 01045/1C187 50340-50341
cd: emi CDM 764 6252/CMS 764 4292
excerpts
lp: emi 1C049 30235

abegg variations

moscow
20 june
1955

cd: parnassus PACD 96/003-004

rome
31 october and
venice
17 november
1962

lp: dg LPM 18 950/SLPM 138 950/
　　2548 286
cd: dg 435 7512/447 3552/457 6672

bilder aus dem osten for piano duet

aldeburgh 21 june 1966	britten	cd: music and arts CD 709

blumenstück in d flat

mantua
23 june
1986
    cd: decca 436 4562/458 8072

copenhagen
8 july
1986
    cd: philips 438 4772/442 4642/
    454 1662/454 1692

bunte blätter

london
19 november
1968
    cd: as-disc AS 329

salzburg
8-27
september
1971
    lp: eurodisc MK 85743
    lp: chant du monde LDX 78558
    lp: emi SLS 890
    lp: ricordi RCL 27078
    lp: melodiya CM 03739-03740/
       C10 03739 009
    cd: eurodisc 88.0096
    cd: olympia OCD 338/OCD 5013
    <u>also issued by victor in japan</u>

naples
10 february
1987
    cd: cetra 9075.037

4 concert studies after paganini

copenhagen cd: philips 438 4772/442 4642
8 july
1986

études symphoniques, with posthumous études

prague cd: praga PR 254033/CMX 354001
12 december
1956

london cd: as-disc AS 326
20 october cd: memories HR 4436-4437
1968

dubrovnik lp: rococo 2084
19 july
1971

salzburg lp: eurodisc MK 85742/202 005.250
1-24 lp: chant du monde LDX 78557
september lp: emi SLS 890
1971 lp: angel 36711
    lp: melodiya CM 03741-03742/
        C10 03741 007
    cd: olympia OCD 339/OCD 5013
    <u>also issued by victor in japan</u>

moscow cd: revelation RV 10012
22 january
1972

fantasy in c

prague 2 november 1959	cd: praga PR 254033/CMX 354001 cd: multisonic 310.1932
new york 30 october 1960	lp: sony (japan) SONC 15065

london
1-5
august
1961
	lp: hmv ALP 1881/ASD 450
	lp: hmv (france) FALP 711/ASDF 245
	lp: hmv (italy) QALP 10329/ASDQ 5311
	lp: electrola E 80776/SME 80776
	lp: angel 36579
	lp: emi 1C063 00195/2C065 00195/
	    3C065 00195/1C187 50340-50341
	lp: melodiya D026947-026948/
	    C10 26947 002
	cd: emi CDM 764 6252/CMS 764 4292

leverkusen 17 december 1979	cd: philips 438 4772/442 4642/ excerpts cd: philips 454 1662/454 1692

des abends/fantasiestücke

moscow
1948

78: melodiya 15876-15877

moscow
1956

45: decca (germany) VD 645
lp: melodiya D03642-03643/
    M10 03642 009
lp: decca (germany) BLK 16116
lp: monitor MC 2026/MCS 2026
cd: monitor 720222
cd: rca/bmg 74321 294692/
    74321 294692

prague
26-29
november
1956

lp: dg LPM 18 355/LPX 29 326/
    89 528/2548 231
lp: supraphon LPV 305/SUA 10279/
    DV 5269
lp: decca (usa) DL 9921
cd: dg 435 7512

manchester
8 october
1969

cd: as-disc AS 326
cd: bbc WMCU 00112

moscow
10 may
1970

cd: revelation RV 10012

aufschwung/fantasiestücke

moscow
1948

78: melodiya 15876-15877

moscow
june
1955

cd: parnassus PACD 96/003-004

moscow
1956

45: decca (germany) VD 645
lp: melodiya D03642-03643/
    M10 03642 009
lp: decca (germany) BLK 16116/
    LW 50090
lp: monitor MC 2026/MCS 2026
cd: monitor 720222
cd: rca/bmg 74321 294692/
    74321 294692

prague
26-29
november
1956

45: dg EPL 30 457
lp: dg LPM 18 355/LPX 29 326/
    89 528/2548 231
lp: supraphon LPV 305/SUA 10279/
    DV 5269
lp: decca (usa) DL 9921
cd: dg 435 7512

new york
19 october
1960

lp: sony (japan) SONC 15066

manchester
8 october
1969

cd: as-disc AS 326
cd: bbc WMCU 00112

moscow
10 may
1970

cd: revelation RV 10012

undated performance of the piece on vhs video warner/nvc arts 3984 230293

warum?/fantasiestücke

moscow
1948

78: melodiya 27428-27429

moscow
june
1955

cd: parnassus PACD 96/003-004

moscow
1956

45: decca (germany) VD 645
lp: melodiya D03642-03643/
    M10 03642 009
lp: decca (germany) BLK 16116
lp: monitor MC 2026/MCS 2026
cd: monitor 720222
cd: rca/bmg 74321 294692/
    74321 294692

prague
26-29
november
1956

lp: dg LPM 18 355/LPX 29 326/
    89 528/2548 231
lp: supraphon LPV 305/SUA 10279/
    DV 5269
lp: decca (usa) DL 9921
cd: dg 435 7512

manchester
8 october
1969

cd: as-disc AS 326
cd: bbc WMCU 00112

moscow
10 may
1970

cd: revelation RV 10012

in der nacht/fantasiestücke

moscow
1948

78: melodiya 27428-27429

moscow
1956

45: decca (germany) VD 645
lp: melodiya D03642-03643/
   M10 03642 009
lp: decca (germany) BLK 16116
lp: monitor MC 2026/MCS 2026
cd: monitor 720222
cd: rca/bmg 74321 294692/
   74321 294692

prague
26-29
november
1956

lp: dg LPM 18 355/LPX 29 326/
   89 528/2548 231
lp: supraphon LPV 305/SUA 10279/
   DV 5269
lp: decca (usa) DL 9921
cd: dg 435 7512

manchester
8 october
1969

cd: as-disc AS 326
cd: bbc WMCU 00112

moscow
10 may
1970

cd: revelation RV 10012

tokyo
13 february
1979

lp: victor (japan) VIC 28047
lp: eurodisc 204 005.425
lp: ricordi OCL 16203
lp: melodiya C10 16399-16400/
   C10 16399 002
cd: olympia OCD 287/OCD 5012

traumeswirren/fantasiestücke

moscow
june
1955

cd: parnassus PACD 96/003-004

moscow
1956

lp: melodiya D03642-03643/
    M10 03642 009
lp: monitor MC 2026/MCS 2026
cd: monitor 720222
cd: rca/bmg 74321 294692/
    74321 294692

prague
26-29
november
1956

45: dg EPL 30 457
lp: dg LPM 18 355/LPX 29 326/
    89 528/2548 231
lp: supraphon LPV 305/SUA 10279/
    DV 5269
lp: decca (usa) DL 9921
cd: dg 435 7512

manchester
8 october
1969

cd: as-disc AS 326
cd: bbc WMCU 00112

moscow
10 may
1970

cd: revelation RV 10012

tokyo
13 february
1979

lp: victor (japan) VIC 28047
lp: eurodisc 204 005.425
lp: ricordi OCL 16203
lp: melodiya C10 16399-16400/
    C10 16399 002
cd: olympia OCD 287/OCD 5012

ende vom lied/fantasiestücke

moscow 1948	78: melodiya 15879-15880

moscow
1956
	lp: melodiya D03642-03643/
	    M10 03642 009
	lp: monitor MC 2026/MCS 2026
	cd: monitor 720222
	cd: rca/bmg 74321 294692/
	    74321 294692

prague
26-29
november
1956
	45: dg EPL 30 457
	lp: dg LPM 18 355/LPX 29 326/
	    89 528/2548 231
	lp: supraphon LPV 305/SUA 10279/
	    DV 5269
	lp: decca (usa) DL 9921
	cd: dg 435 7512

manchester 8 october 1969	cd: as-disc AS 326 cd: bbc WMCU 00112
moscow 10 may 1970	cd: revelation RV 10012

faschingsschwank aus wien

italy
october-
november
1962
	lp: hmv ALP 1969/ASD 520
	lp: hmv (france) FALP 761/ASDF 761
	lp: hmv (italy) QALP 10355/ASDQ 5321
	lp: electrola E 80737/SME 80737
	lp: angel 36104
	lp: melodiya D026947-026948/
	    M10 26947 002
	lp: world records T 692/ST 692
	lp: emi 1C063 01045/2C065 01045/
	    3C965 01045/1C187 50340-50341
	cd: emi CDM 764 6252/CMS 764 4292

helsinki 25 august 1976	lp: discocorp RR 468 cd: music and arts CD 1020 cd: legends LGD 145
moscow 10 october 1976	lp: discocorp IGI 309 cd: music and arts CD 775 cd: revelation RV 10012

4 fugues

mantua may-june 1986	cd: decca 436 4562/458 4562

humoresque in b flat

moscow
20 june
1955

cd: parnassus PACD 96/003-004

moscow
1956

lp: melodiya D03642-03643/
    M10 03642 009
lp: bruno BR 14041
lp: monitor MC 2022/MCS 2022
lp: musicart MV 10007
lp: parlophone PMA 1044
lp: columbia (usa) Y 35204
cd: monitor 720222
cd: rca/bmg 74321 294642/
    74321 294602

march in g minor

prague
26-29
november
1956

lp: dg LPM 18 355/LPX 29 326/
    89 528/2548 231
lp: supraphon LPV 305/SUA 10279/
    DV 5269
lp: decca (usa) DL 9921
cd: dg 435 7512

mantua
22-31
may
1986

cd: decca 436 4562/458 8072

copenhagen
8 july
1986

cd: philips 438 4772/442 4642

nachtstücke

mantua
23 may
1986

cd: decca 436 4562/458 8072

copenhagen
8 july
1986

cd: philips 438 4772/442 4642
excerpts
cd: philips 454 1662/454 1692

novelette no 1

warsaw
2 may
1959

45: dg EPL 30 573/SEPL 121 573
45: eterna 520 736
lp: LPM 18 597/SLPM 138 077/
    135 012/2535 181
lp: eterna 720 126/725 007/
    820 483/825 483
lp: muza SXL 0053/MEX 4
lp: melodiya D08099-08100/
    D009211-009212
cd: dg 423 0552/435 7512/447 4402

moscow
23 september
1960

cd: rca/bmg 74321 294642/
    74321 294602

new york
25 october
1960

lp: columbia (usa) M2L 274/
    ML 5710/72450
lp: cbs BRG 72033

spoleto
14 july
1967

lp: turnabout TV 34359

copenhagen
8 july
1986

cd: philips 438 4772/442 4642/
    454 1662/454 1702

novelette no 2

moscow
23 september
1960

cd: rca/bmg 74321 294642/
    74321 294602

new york
25 october
1960

lp: columbia (usa) M2L 274/
    ML 5710/72450
lp: cbs BRG 72033

spoleto
14 july
1967

lp: turnabout TV 34359

tokyo
9-20
march
1979

lp: victor (japan) VIC 28031
lp: eurodisc 204 004.425
lp: ricordi OCL 16202
lp: turnabout DVCL 9028
lp: melodiya C10 16403 001
cd: eurodisc 88.0015
cd: olympia OCD 287/OCD 5012

novelette no 4

tokyo
9-20
march
1979

lp: victor (japan) VIC 28031
lp: eurodisc 204 004.425
lp: ricordi OCL 16202
lp: turnabout DVCL 9028
lp: melodiya C10 16403 001
cd: eurodisc 88.0015
cd: olympia OCD 287/OCD 5012

novelette no 8

moscow
23 september
1960

cd: rca/bmg 74321 294642/
    74321 294602

new york
25 october
1960

lp: columbia (usa) M2L 274/
    ML 5710/72450
lp: cbs BRG 72033

tokyo
9-20
march
1979

lp: victor (japan) VIC 28031
lp: eurodisc 204 004.425
lp: ricordi OCL 16202
lp: turnabout DVCL 9028
lp: melodiya C10 16403 007
cd: eurodisc 88.0015
cd: olympia OCD 287/OCD 5012

papillons

italy
october-
november
1962

lp: hmv ALP 1969/ASD 520
lp: hmv (france) FALP 761/ASDF 761
lp: hmv (italy) QALP 10355/ASDQ 5321
lp: electrola E 80737/SME 80737
lp: angel 36104
lp: melodiya D026947-026948/
    M10 26947 002
lp: world records T 692/ST 692
lp: emi 1C063 01045/2C065 01045/
    3C065 01045/1C187 50340-50341
cd: emi CMS 764 4292

toccata in c

budapest
2 february
1958

cd: as-disc AS 326
cd: notes PGP 11016

moscow
16 april
1958

cd: parnassus PACD 96/001-002

warsaw
30 april-
1 may
1959

45: dg EPL 30 573/SEPL 121 573
45: eterna 520 376
lp: dg LPM 18 597/SLPM 138 077/
    2535 181
lp: eterna 720 126/725 007/
    820 483/825 483/S 20376
lp: muza SXL 0053/MEX 4
lp: melodiya D08099-08100/
    D009211-009212
cd: dg 435 7512/447 4402

mantua
may-june
1986

cd: decca 436 4562/458 8072

copenhagen
8 july
1986

cd: philips 442 4592/454 1662/
    454 1682

waldszenen

prague
26-29
november
1956

lp: dg LPM 18 355/LPX 29 326/
    89 528/2548 231
lp: supraphon LPV 305/SUA 10279/
    DV 5269
lp: decca (usa) DL 9921
lp: melodiya M10 36635 000
cd: dg 435 7512/447 4402/459 0182

piano quintet

nantes   borodin   cd: teldec 0630 182532
16-18   string quartet
june
1994

piano trio no 1

moscow   kagaan,   cd: live classics LCL 182
31 december   gutman
1985

dichterliebe, song cycle

moscow   dorliak   lp: melodiya M10 46751 001
29 march   <u>sung in russian</u>
1956

ALEXANDER SCRIABIN (1872-1915)

prometheus

moscow 12 april 1988	ussr so svetlanov	cd: russian disc RDCD 11058

piano sonata no 2

moscow 20 june 1955	cd: parnassus PACD 96/003-004
venice 18 september 1972	lp: rococo 2144
prague 24 september 1972	cd: praga PR 254056/CMX 354001
warsaw 27 october 1972	cd: arkadia CD 910/CDGI 910 cd: music and arts CD 878

piano sonata no 5

new york					lp: sony (japan) SONC 15066
30 october
1960

rome						lp: dg LPM 18 849/SLPM 138 849/
31 october and					2726 020
palermo						cd: dg 423 5732/447 3552
9 november
1962

venice						lp: rococo 2144
18 september
1972

prague						cd: praga PR 254056/CMX 354001
24 september
1972

warsaw						cd: arkadia CD 910/CDGI 910
27 october					cd: music and arts CD 878
1972

piano sonata no 6

moscow						cd: parnassus PACD 96/003-004
october
1952

moscow						lp: melodiya D010011-010012/
20 june						M10 10011 007
1955						lp: mk records MK 1582
						lp: hall of fame HOF 531/HOFS 531
						cd: rca/bmg 74321 294702/
						    74321 294602

piano sonata no 7

new york   cd: as-disc AS 346
19 april
1965

ludwigshafen   cd: live classics LCL 472
19 may
1994

piano sonata no 9

aldeburgh   lp: discocorp RR 467
19 june   cd: nuova era NE 2363
1966   cd: music and arts CD 775
                   cd: bbc WMCU 00132

venice   lp: rococo 2144
18 september
1972

warsaw   cd: arkadia CD 910/CDGI 910
27 october   cd: music and arts CD 878
1972

poeme in c

venice   lp: rococo 2144
18 september
1972

warsaw   cd: arkadia CD 910/CDGI 910
27 october   cd: music and arts CD 878
1972

poeme-nocturne

munich
16 may
1992

cd: live classics LCL 481

brussels
20 june
1992

cd: melodiya (japan) VICC 60079

schliersee
10 july
1992

cd: live classics LCL 431

nijmegen
28 october
1992

cd: philips 438 6272/442 4642/
454 1662/454 1712

seesen
6 november
1992

cd: live classics LCL 441

vers la flamme

seesen
6 november
1992

cd: live classics LCL 441

nijmegen
28 october 1992

cd: philips 438 6272/442 4642/
454 1662/454 1712

2 danses

nijmegen
28 october
1992

cd: philips 438 6272/442 4642

seesen
6 november
1992

cd: live classics LCL 441

2 mazurkas op 40

munich
16 may
1992

cd: live classics LCL 481

brussels
20 june
1992

cd: melodiya (japan) VICC 60079

schliersee
10 july
1992

cd: live classics LCL 431

études: op 2 no 1; op 8 nos 5 and 11; op 56 no 4; op 65 nos 1, 2 and 3

moscow
14 january
1952
    lp: melodiya D010011-010012/ M10 10011 007
    lp: hall of fame HOF 531/HOFS 531
    lp: mk records MK 1582
    cd: rca/bmg 74321 294702/ 74321 294602

études op 42 nos 2, 3, 4, 5, 6 and 8

moscow
14 january
1952
    lp: melodiya D010011-010012/ M10 10011 007
    lp: hall of fame HOF 531/HOFS 531
    lp: mk records MK 1582
    cd: rca/bmg 74321 294702/ 74321 294602
    <u>no 8 may be missing from this selection</u>

warsaw
27 october
1972
    cd: arkadia CD 910/CDGI 910
    cd: music and arts CD 878

fantasy in b minor

nijmegen
28 october
1992
    cd: philips 438 6272/442 4642

seesen
6 november
1992
    cd: live classics LCL 441

préludes op 11: nos 2, 3, 5, 9, 10, 11, 12, 15, 16, 17, 18 and 24

moscow   cd: parnassus PACD 96/003-004
20 june
1955

venice   lp: rococo 2144
18 september
1972

warsaw   cd: arkadia CD 910/CDGI 910
27 october
1972

préludes: op 13 nos 1 and 4; op 37 nos 1, 2, 3 and 4; op 39 nos 3 and 4; op 59 no 2; op 74 nos 1, 3 and 4

venice   lp: rococo 2144
18 september
1972

warsaw   cd: arkadia CD 910/CDGI 910
27 october
1972

DMITRY SHOSTAKOVICH (1906-1975)

prelude and fugue no 2

prague   lp: supraphon DM 5255/LPM 288/
26-29 november   SUF 20297
1956   lp: artia ALP 173

prelude and fugue no 3

prague   lp: supraphon DM 5255/LPM 288/
26-29 november   SUF 20297
1956   lp: artia ALP 173

prelude and fugue no 4

prague   78: supraphon V 11305
may   45: supraphon M 014588
1954

paris   lp: philips AL 3458/A02327L/
july   SAL 3458/835 204AY/6580 084
1963   lp: philips (usa) 500048/900048
                                    lp: melodiya D013541-013542/
                                       M10 13541 007
                                    lp: chant du monde LDX 78431/
                                       LDXA 8324/LDXS 48324
                                    cd: philips 438 6272/442 4642

prelude and fugue no 6

prague   lp: supraphon DM 5255/SUF 20297/
26-29 november   LPM 288
1956   lp: artia ALP 173

prelude and fugue no 7

prague
26-29 november
1956

lp: supraphon DM 5255/SUF 20297/
    LPM 288
lp: artia ALP 173

prelude and fugue no 12

warsaw
11 november
1954

lp: muza SXL 0037

paris
july
1963

lp: philips AL 3458/A02327L/
    SAL 3458/835 204AY/6580 084
lp: philips (usa) 500048/900048
lp: melodiya D013541-013542/
    M10 13541 007
lp: chant du monde LDX 78431/
    LDXA 8324/LDXS 48324
cd: philips 438 6272/442 4642

prelude and fugue no 14

paris
july
1963

lp: philips AL 3458/A02327L/
    SAL 3458/835 204AY/6580 084
lp: philips (usa) 500048/900048
lp: melodiya D013541-013542/
    M10 13541 007
lp: chant du monde LDX 78431/
    LDXA 8324/LDXS 48324
cd: philips 438 6272/442 4642

prelude and fugue no 15

paris
july
1963

lp: philips AL 3458/A02327L/
    SAL 3458/835 204AY/6580 084
lp: philips (usa) 500048/900048
lp: melodiya D013541-013542/
    M10 13541 007
lp: chant du monde LDX 78431/
    LDXA 8324/LDXS 48324
cd: philips 438 6272/442 4642

performance of fugue only dated warsaw 1962 on vhs video warner/nvc arts 3984 230293

prelude and fugue no 17

warsaw
11 november
1954

lp: muza SXL 0037

paris
july
1963

lp: philips AL 3458/A02327L/
    SAL 3458/835 204AY/6580 084
lp: philips (usa) 500048/900048
lp: melodiya D013541-013542/
    M10 13541 007
lp: chant du monde LDX 78431/
    LDXA 8324/LDXS 48324
cd: philips 438 6272/442 4642/
    454 1702/454 1662

prelude and fugue no 18

prague
26-29 november
1956

lp: supraphon DM 5255/SUF 20297/
    LPM 288
lp: artia ALP 173

prelude and fugue no 19

tours
1973

cd: pyramid PYR 13503

vienna
20 february
1989

cd: decca 436 4512/458 8072

prelude and fugue no 20

vienna
20 february
1989

cd: decca 436 4512/458 8072

prelude and fugue no 21

tours
1973

cd: pyramid PYR 13503

prelude and fugue no 22

tours
1973

cd: pyramid PYR 13503

prelude and fugue no 23

paris
july
1963

lp: philips AL 3458/A02327L/
SAL 3458/835 204AY/6580 084
lp: philips (usa) 500048/900048
lp: melodiya D013541-013542/
M10 13541 007
lp: chant du monde LDX 78431/
LDXA 8324/LDXS 48324
cd: philips 438 6272/442 4642/
454 1712/454 1662

violin sonata

moscow
3 may
1969
	oistrakh	lp: melodiya D027313-027314/
		    CM 02355-02356/C10 02355 006
		lp: emi ASD 2718/HQS 1369/
		    1C063 99149/2C069 99149/
		    3C065 99149
		lp: angel 40189
		lp: eurodisc MK 80531
		cd: mfsl MFCD 909
		cd: chant du monde
		    LDC 278.1018-278.1019
		cd: rca/bmg 74321 341822/
		    74321 407102
		also issued by victor in japan

freiburg 6-8 march 1985	kagaan	cd: olympia OCD 579/OCD 5013 cd: mk MK 418.014 also issued by victor in japan
moscow 13 may 1985	kagaan	cd: live classics LCL 183
moscow 17 may 1985	kagaan	cd: melodiya SUCD 10.00095

undated excerpt from a performance of this sonata on vhs video warner/
nvc arts 3984 230293

viola sonata

moscow 26 september 1982	bashmet	cd: melodiya SUCD 10.00095
freiburg 8 march 1985	bashmet	cd: mk MK 418.014 <u>also issued by victor in japan</u>

piano quintet

spoleto 17 july 1966	borodin string quartet	cd: intaglio INCD 7561
moscow 5 december 1983	borodin string quartet	lp: emi EX 29 03393 cd: emi CDC 747 5072 <u>also issued by victor in japan</u>

piano trio in e

moscow 12 december 1984	kagaan, gutman	cd: live classics LCL 172

RICHARD STRAUSS (1864-1949)

burleske for piano and orchestra

bucharest 9 september 1961	bucharest so gheorgescu	lp: electrecord EFE 1 cd: electrecord ELCD 106 cd: arlecchino ARL 102
moscow 18 december 1961	ussr so rozhdestvensky	cd: revelation RV 10026

<u>undated excerpt from a performance of this work on vhs video warner/
nvc arts 3984 230293</u>

IGOR STRAVINSKY (1882-1971)

movements for piano and orchestra

moscow 22 december 1984	conservatoire orchestra nikolayevsky	cd: revelation RV 10093

concerto for 2 pianos

tours 7 july 1985	lobanov	cd: philips 420 1572

piano rag music

vienna 20 february 1989	cd: decca 436 4512/458 8072

KAROL SZYMANOWSKI (1882-1937)

piano sonata no 2

warsaw   cd: parnassus awaiting publication
15 november
1954

budapest   lp: rarissima
11 september
1982

mazurkas op 50 nos 2, 3 and 7

warsaw   lp: muza SXL 0037
11 november
1954

l'île des sirenes and calypso/metopes

vienna   cd: decca 436 4512/458 8072
20 february
1989

PIOTR TCHAIKOVSKY (1840-1893)

piano concerto no 1

prague
may
1954
	czech po
	ancerl
		78: supraphon V 10247-10250/
		   H 24415-24418
		lp: supraphon LPV 242/SUA 10126/
		   VM 628-629/DV 5217/SV 8340/
		   SUA 50126/LF 28083
		lp: eurodisc XD 87149
		lp: bruno BR 14007
		lp: whitehall WH 20077
		lp: parliament PLP 120/PLPS 120
		lp: dg LPM 18 475
		lp: cbs 51152
		lp: dell' arte DA 9018
		cd: supraphon SU 05462/11 19442/
		   11 02682
		probably richter's first recording
		session outside ussr; LPM 18 475
		incorrectly names conductor as
		karel sejna

moscow 10 november 1957	ussr so rachlin	cd: parnassus PACD 96/003-004

tchaikovsky piano concerto no 1/continued

leningrad
24 july
1959
	leningrad po
	mravinsky
		lp: melodiya D05468-05469/
		    CM 02013-02014/C10 02013 000
		lp: mk records MK 1001/MK 1501
		lp: vox S 16620/STPL 51337/VSPS 2
		lp: period 1163/SHO 341/SHOST 2341
		lp: westminster WGM 8228
		lp: everest SDBR 3345
		lp: discocorp RR 516
		lp: hall of fame HOF 505/HOFS 505
		lp: murray hill M 2958/S 2959
		lp: eurodisc KK 74589/ZK 77211/
		    XA 87692/XGK 89831
		lp: eterna 826 152
		lp: cetra BU 15
		lp: vedette VMC 4007/VSC 4007
		lp: supermajestic BBH 16220
		lp: ember ECL 9001
		lp: chant du monde LDX 8268/MV 226/
		    LDX 78711/LDXS 8268/OPM 2013
		lp: emi 3C053 97048
		cd: music and arts CD 776
		cd: urania ULS 5175
		cd: chant du monde LDC 278.848
		cd: rca/bmg GD 69048/74321 170832
		<u>also issued by shinsekai, victor, fontana</u>
		<u>and nippon columbia in japan, and</u>
		<u>possibly in some overseas territories</u>
		<u>by emi; some lp issues incorrectly</u>
		<u>dated and incorrectly name conductor</u>
		<u>and orchestra as kondrashin and moscow</u>
		<u>philharmonic</u>

tchaikovsky piano concerto no 1/concluded

vienna
24-26
september
1962
	vienna so
	karajan
		lp: dg LPM 18 822/SLPM 138 822/
		    SKL 922-928/2726 506/
		    2740 126/419 0681
		lp: eterna 826 502
		lp: hungaroton SLPX 12074
		lp: supraphon 110 1313
		lp: melodiya D011275-011276/
		    C0473-0474/CM 04255-04256/
		    C10 04255 000
		cd: dg 419 0682/429 9182/447 4202

moscow 9 april 1968	moscow po kondrashin	cd: revelation RV 10057

excerpt from a performance of the concerto conducted by rozhdestvensky and dated moscow 1958 on vhs video warner/nvc arts 3984 230293

piano sonata

moscow 4 december 1954	cd: parnassus PACD 96/001-002

moscow
1956-1957
	lp: melodiya D04558-04559/
	    CM 03997-03998/C10 03997 003
	lp: eurodisc ZK 78347
	lp: chant du monde LDX 78600
	lp: monitor MC 2034/MCS 2034
	lp: columbia (usa) Y 35204
	lp: mk records DO 4558
	lp: emi 3C053 97787
	lp: parlophone PMA 1044
	cd: rca/bmg GD 69048/74321 294692/
	    74321 294602
	also issued by victor in japan

piano trio

moscow december 1986	kagaan, gutman	laserdisc: toshiba japan only cd: victor japan only excerpt on vhs video warner/nvc arts 3984 230293

the seasons: may, june, november and january

aldeburgh 19 june 1966	lp: discocorp RR 467 cd: as-disc AS 327 cd: music and arts CD 775 cd: bbc WMCU 00132
munich april 1983	lp: eurodisc 205 458.425 cd: eurodisc 610 075.231 cd: olympia OCD 334/OCD 5012 also issued by victor in japan

undated performance of june also appears on cd revelation RV 60002

romance in f minor

munich lp: eurodisc 205 455.425
april cd: olympia OCD 334/OCD 5012
1983 <u>also issued by victor in japan</u>

nocturne in f/piano pieces op 10

munich lp: eurodisc 205 455.425
april cd: olympia OCD 112/OCD 334/OCD 5012
1983 cd: rca/bmg GD 69064
 <u>also issued by victor in japan</u>

humoresque in g/piano pieces op 10

munich lp: eurodisc 205 455.425
april cd: olympia OCD 334/OCD 5012
1983 <u>also issued by victor in japan</u>

rêverie du soir/piano pieces op 19

aldeburgh lp: rococo 2120
17 june
1975

munich lp: eurodisc 205 455.425
april cd: olympia OCD 334/OCD 5012
1983 <u>also issued by victor in japan</u>

capriccioso in b flat/piano pieces op 19

munich
april
1983

lp: eurodisc 205 455.425
cd: olympia OCD 334/OCD 5012
also issued by victor in japan

chanson triste/piano pieces op 40

aldeburgh
17 june
1975

lp: rococo 2120

munich
april
1983

lp: eurodisc 205 455.425
cd: olympia OCD 334/OCD 5012
also issued by victor in japan

valse in a flat/piano pieces op 40

munich
april
1983

lp: eurodisc 205 455.425
cd: olympia OCD 334/OCD 5012
also issued by victor in japan

piano pieces op 51: valse de salon; menuetto scherzoso; romance in f

aldeburgh
17 june
1975

lp: rococo 2120

munich
april
1983

lp: eurodisc 205 455.425
cd: olympia OCD 334/OCD 5012
also issued by victor in japan

méditation/piano pieces op 72

munich   lp: eurodisc 205 455.425
april   cd: olympia OCD 334/OCD 5012
1983   <u>also issued by victor in japan</u>

l'espiegle and un poco di chopin/piano pieces op 72

aldeburgh   lp: rococo 2120
17 june
1975

munich   lp: eurodisc 205 455.425
april   cd: olympia OCD 334/OCD 5012
1983   <u>also issued by victor in japan</u>

valse-scherzo in a minor

munich   lp: eurodisc 205 455.425
april   cd: olympia OCD 334/OCD 5012
1983   <u>also issued by victor in japan</u>

RICHARD WAGNER (1813-1883)

albumblatt

moscow
12 january
1975

cd: music and arts CD 775
vhs video: warner/nvc arts
    3984 230293

copenhagen
8 july
1986

cd: philips 442 4592

CARL MARIA VON WEBER (1786-1826)

piano sonata no 3

prague
23 may
1954

cd: praga PR 254031/CMX 354001

moscow
december
1954

cd: parnassus PACD 96/005-006

locarno
8 september
1966

lp: penzance PR 22
cd: ermitage ERM 113
cd: philips 438 6172/442 4642
excerpts
cd: philips 454 1662/454 1682

milan
5 december
1966

cd: nuova era 013.6340
cd: as-disc AS 343
cd: historical performers HPS 34

ANTON VON WEBERN (1883-1945)

variations op 27

vienna   cd: decca 436 4512/458 8072
20 february
1989

JEAN-BAPTISTE WECKERLIN (1821-1910)

4 pastorales: menuet d'exaudet; jeunes fillettes; mamam, dites-moi; belle manon

moscow   dorliak   lp: melodiya D026457-026458
21 november
1953

HUGO WOLF (1860-1903)

mörike-lieder: der genesene an die hoffnung; in der frühe; fussreise; neue liebe; der feuerreiter; jägerlied; storchenbotschaft; verborgenheit; im frühling; auf einer wanderung; an die geliebte; peregrina I & II; lebewohl; begegnung; der jäger; bei einer trauung; abschied

budapest 6 october 1973	fischer-dieskau	cd: music and arts CD 870
innsbruck 8-10 october 1973	fischer-dieskau	lp: dg 2530 584 lp: melodiya C10 08411 004 cd: dg 457 8982

der feuerreiter/mörike-lieder

tours 28 june 1967	fischer-dieskau	vhs video: warner/nvc arts 3984 230293 <u>rehearsal performance</u>

mörike-lieder: an den schlaf; um mitternacht; zur warnung; selbstgeständnis; nimmersatte liebe; auf ein altes bild; der tambour; gesang weylas

budapest 6 october 1973	fischer-dieskau	cd: music and arts CD 870

ROYAL FESTIVAL HALL
General Manager: T. E. Bean, C.B.E.

VICTOR HOCHHAUSER

presents

SVIATOSLAV RICHTER

PIANO RECITAL

Wednesday, 12th July, 1961

Programme and Notes

Programme

Sonata in B flat, D.960 - - - - Schubert
    Molto moderato
    Andante sostenuto
    Scherzo and Trio. Allegro vivace con delicatezza
    Allegro, ma non troppo

INTERVAL

Sonata in G minor, Op. 22 - - Schumann
    So rasch wie möglich
    Andantino
    Scherzo. Sehr rasch und markert
    Rondo. Presto

Fantasie in C, Op. 17 - - - Schumann
    Durchaus fantastisch und leidenschaftlich vorzutragen —
      Im Legendenton
    Mässig — Durchaus energisch
    Langsam getragen — Durchweg leise zu halten

ROYAL FESTIVAL HALL
General Manager: T. E. Bean, C.B.E.

VICTOR HOCHHAUSER

presents

SVIATOSLAV RICHTER

PIANO RECITAL

Monday, 10th July, 1961

Programme and Notes

Programme

Ballade No. 3 in A flat, Op. 47   -   -   -   *Chopin*

Scherzo No. 4 in E, Op. 54   -   -   -   -   *Chopin*

Four Mazurkas, Op. 24   -   -   -   -   *Chopin*
    No. 1 in G minor (*Lento*)
    No. 2 in C (*Allegro ma non troppo*)
    No. 3 in A flat (*moderato con anima*)
    No. 4 in B flat minor (*moderato*)

Barcarolle in F sharp minor, Op. 60   -   -   -   *Chopin*

INTERVAL

Ten Preludes from Book 1   -   -   -   -   *Debussy*
    1. Danseuses de Delphes (Lent et grave)
    2. Voiles (Modéré)
    3. Le vent dans la plaine (Animé)
    4. Les sons et les parfums tournent dans l'air du soir (Modéré)
    5. Des pas sur la neige (Triste et lent)
    6. La sérénade interrompue (Modérément animé)
    7. Les collines d'Anacapri (Très modéré)
    8. La danse de Puck (Capricieux et léger)
    9. Ce qu'a vu le vent d'Ouest (Animé et tumultueux)
    10. La cathédrale engloutie (Profondément calme)

L'isle joyeuse   -   -   -   -   -   -   *Debussy*

ROYAL ALBERT HALL
Manager: C. R. Hopper

VICTOR HOCHHAUSER

presents

SVIATOSLAV RICHTER

WITH THE

LONDON SYMPHONY ORCHESTRA
(Leader: Hugh Maguire)

Conductor:

KYRIL KONDRASHIN

Sunday
16th July, 1961
at 7.30 p.m.

Programme
and Notes

Programme

GOD SAVE THE QUEEN

Symphony No. 1 in C - - - *Nikolayev*

Andante spianato and Grande Polonaise Brilliante, Op. 22
Chopin

INTERVAL

Concerto in G minor, Op. 33 - - - *Dvorak*
    Allegro agitato
    Andante sostenuto
    Allegro con fuoco

ROYAL ALBERT HALL
Manager: C. R. Hopper

VICTOR HOCHHAUSER

presents

SVIATOSLAV RICHTER

WITH THE

LONDON SYMPHONY ORCHESTRA
(Leader: Hugh Maguire)

Conductor:

KYRIL KONDRASHIN

Tuesday
18th July, 1961
at 8 p.m.

Programme
and Notes

Liszt Programme

GOD SAVE THE QUEEN

Symphonic Poem No. 7: Festklänge - - *Liszt*

Concerto No. 1 in E flat - - - - *Liszt*
    Allegro maestoso
    Quasi adagio
    Allegretto vivace
    Allegro marziale animato

INTERVAL

Concerto No. 2 in A - - - - Liszt
    Adagio sostenuto assai
    Allegro agitato assai
    Allegro moderato
    Allegro deciso

Hungarian Fantasia - - - - Liszt

ROYAL FESTIVAL HALL
General Manager: T. E. Bean, C.B.E.

VICTOR HOCHHAUSER

presents

SVIATOSLAV RICHTER

PIANO RECITAL

Sunday, January 27th, 1963

Programme and Notes

PROGRAMME

Theme and Variations on the name 'Abegg', Op. 1 *Schumann*

Papillons, Op. 2 - - - - - *Schumann*

Faschingsschwank aus Wien, Op. 26 - - - *Schumann*

INTERVAL

Polonaise-Fantasie in A flat, Op. 61 - - - *Chopin*

Five Etudes from Op. 10 - - - - *Chopin*

Ballade No. 4 in F minor, Op. 52 - - - *Chopin*

ROYAL FESTIVAL HALL
General Manager: T. E. Bean, C.B.E.

VICTOR HOCHHAUSER

presents

SVIATOSLAV
RICHTER

PIANO RECITAL

Saturday, February 2nd, 1963

Programme and Notes

PROGRAMME

Eight Preludes and Fugues from 'The Well-Tempered Clavier', Book 1 - - - - - - - *Bach*

    No. 1 in C major
    No. 2 in C minor
    No. 3 in C sharp major
    No. 4 in C sharp minor
    No. 5 in D major
    No. 6 in D minor
    No. 7 in E flat major
    No. 8 in E flat minor

INTERVAL

Sonata No. 9 in E, Op. 14 No. 1 - - - *Beethoven*

    Allegro
    Allegretto
    Rondo. Allegro comodo

Sonata No. 10 in G, Op. 14 No. 2 - - - *Beethoven*

    Allegro
    Andante
    Scherzo. Assai allegro

Fantasy in C, D.760 ('Wanderer') - - - *Schubert*

    Allegro con fuoco ma non troppo — Adagio — Presto — Allegro

---

PLAIN MAN'S GUIDE TO COUGHING
There are two ways of coping with a cough during a concert.
One is to suppress it entirely—as the artists invariably manage to do during performances.
The second way—when complete suppression is not possible—is to muffle the cough by the discreet use of the handkerchief.

Klavierabend I

Kunsthaus
Donnerstag, 2. September 1965, 20.00 Uhr

Svjatoslav Richter

Ludwig van Beethoven
(1770-1827)

Sonate d-moll op. 31 Nr. 2
Largo, Allegro
Adagio
Allegretto

Sonate Es-dur op. 31 Nr. 3
Allegro
Scherzo: Allegretto vivace
Menuetto: Moderato e grazioso
Presto con fuoco

Sonate e-moll op. 90
Mit Lebhaftigkeit und durchaus mit
Empfindung und Ausdruck
Nicht zu geschwind und sehr singbar
vorzutragen

Sonate A-dur op. 101
Etwas lebhaft und mit der innigsten
Empfindung
Lebhaft, marschmässig
Langsam und sehnsuchtsvoll
Geschwind, doch nicht zu sehr und mit
Entschlossenheit

Sonate As-dur op. 110
Moderato cantabile molto espressivo
Allegró molto
Adagio ma non troppo
Fuga: Allegro ma non troppo

lucerne festival 1965

Royal Festival Hall
General Manager: John Denison, C.B.E.

Victor Hochhauser *presents*

Sviatoslav Richter

Wednesday June 15th 1966 at 7.30 p.m.

Programme

Sonata in B, D.575	*Schubert*
Prelude, Chorale and Fugue	*Franck*

Interval

Sonata in B minor	*Liszt*

Royal Festival Hall
General Manager: John Denison, C.B.E.

Victor Hochhauser *presents*

Sviatoslav Richter

Sunday June 11th 1967 at 3 p.m.

Programme

Haydn	Sonata in E flat major
Weber	Sonata in D minor, Op. 49 No. 3

Interval

Schumann	Two Novellettes, Op. 21
	No. 4 in D major
	No. 8 in F sharp minor
Chopin	Barcarolle
Debussy	Quatre Preludes (Book 2)
	Les Fées sont d'exquises danseuses
	Canope
	Les Tierces altérnees
	Feux d'artifice

City Music
Society

Goldsmiths' Hall
Foster Lane EC2

**Tuesday 19 November 1968
at 8 p.m.**

SVIATOSLAV RICHTER

Piano

By courtesy of the Worshipful Company of Goldsmiths

Victor Hochhauser
presents
SVIATOSLAV RICHTER
in a Recital
at
The Royal Festival Hall
General Manager:
John Denison CBE
on
Sunday October 19th 1969
at 3.15 pm

Programme 2/-

VARIATIONS ON A THEME OF
HÜTTENBRENNER IN A MINOR D576: **SCHUBERT**
from 'FANTASIESTÜCKE' Op12: **SCHUMANN**
Des Abends
Aufschwung
Warum ?
In der Nacht
Traumeswirren
Ende vom Lied

interval

12 PRELUDES: **RACHMANINOV**
F sharp minor Op23 No 1
A major Op32 No 9
B minor Op32 No 10
G sharp minor Op32 No 12
A flat major Op23 No 8
C major Op32 No 1
B flat minor Op32 No 2
F minor Op32 No 6
F major Op32 No 7
B flat major Op23 No 2
D major Op23 No 4
G minor Op23 No 5

Royal Festival Hall
General Manager: John Denison, CBE

Victor Hochhauser presents

Sviatoslav Richter

Monday December 7th 1970 at 8 p.m.

Programme

SCHUBERT   Sonata in C minor D. 958

                Interval

BARTOK   Fifteen Hungarian Peasant
                            Songs and Dances

SZYMANOWSKI Masques Op. 34
                Scheherazade
                Tantris the Jester

PROKOFIEV   Sonata No. 7 in B flat, Op. 83

Elftes Orchesterkonzert

Die Wiener Philharmoniker
unter der Leitung von
Riccardo Muti

Sviatoslav Richter
Klavier

Konzertvereinigung Wiener Staatsopernchor
Choreinstudierung: Walter Hagen-Groll

Großes Festspielhaus
Donnerstag, 17. August 1972, 20 Uhr

salzburg festival 1972

Gioacchino Rossini (1792—1868)

Ouvertüre zur Oper „Semiramide"

Robert Schumann (1810—1856)

Konzert für Klavier und Orchester, a-Moll, op. 54
Allegro affettuoso
Intermezzo: Andantino grazioso
Allegro vivace

Pause

Luigi Cherubini (1760—1842)

Requiem für Männerchor und Orchester, d-Moll
Introitus et Kyrie
Graduale
Dies Irae
Offertorium
Sanctus
Pie Jesu
Agnus Dei

Konzertflügel Bösendorfer, Wien

Greater London Council
ROYAL FESTIVAL HALL
Director: John Denison CBE

Harold Holt Limited and Victor Hochhauser Limited

present an

International Celebrity Concert

SVIATOSLAV RICHTER

Wednesday June 18th 1975 at 8 p.m.

Concert Management: VICTOR HOCHHAUSER LTD

PROGRAMME

Sonata in C, Opus 2 No. 3　　　　　　　　　　　Beethoven

   1.   Allegro con brio
   2.   Adagio
   3.   Scherzo. Allegro
   4.   Allegro assai

Three Bagatelles from Opus 126　　　　　　　　Beethoven

   1.   Andante con moto cantabile e compiacevole
   4.   Presto
   6.   Presto—Andante amabile e con moto—Presto

Interval

Sonata in B flat, Opus 106 ('Hammerclavier')　　Beethoven

   1.   Allegro
   2.   Scherzo. Assai vivace
   3.   Adagio sostenuto. Appassionato e con molto sentimento
   4.   Largo—Allegro risoluto

ROYAL ALBERT HALL
General Manager: Anthony J. Charlton

VICTOR HOCHHAUSER presents

Beethoven Programme

PHILHARMONIA ORCHESTRA
Leader: Carl Pini

Conductor:
RICCARDO MUTI

Soloist:
SVIATOSLAV RICHTER

Sunday, 18th September 1977 at 7.30

PROGRAMME

Overture, 'Leonora' No. 3, Op. 72a   BEETHOVEN

Piano Concerto No. 3 in C minor, Op. 37   BEETHOVEN

    1. Allegro con brio

    2. Largo

    3. Rondo. Allegro

INTERVAL

Symphony No. 7 in A, Op. 92   BEETHOVEN

    1. Poco sostenuto – Vivace

    2. Allegretto

    3. Presto

    4. Allegro con brio

Greater London Council
ROYAL FESTIVAL HALL
Director: George Mann OBE

SCHUBERT RECITAL

SVIATOSLAV RICHTER

Saturday, 31st March 1979 at 8

Sonata in B, D.575

Sonata in F minor, D.625

INTERVAL

Sonata in A, D.664

Sonata in A minor, D.784

Allegretto in C minor

 MONDAY 20th MARCH 1989 at 7.30

ROYAL FESTIVAL HALL

Victor Hochhauser
presents

SVIATOSLAV RICHTER

PROGRAMME

Sonata in G, Op. 78 (D.894) — SCHUBERT

Nachtstücke, Op. 23 — SCHUMANN

INTERVAL

Sonata No. 4, Op. 29 — PROKOFIEV
(D'après des vieux cahiers)

 ROYAL FESTIVAL HALL

Wednesday 27 May 1992 at 7.30

VICTOR HOCHHAUSER
presents

SVIATOSLAV RICHTER

PROGRAMME

ANDANTE CON VARIAZIONI in F minor — HAYDN

SONATA No. 31 in A flat major, Opus 110 — BEETHOVEN
Moderato cantabile, molto espressivo
Allegro molto
Adagio ma non troppo – Fuga (Allegro ma non troppo)

INTERVAL

POLONAISE – FANTASIE in A flat, Opus 61 — CHOPIN

MAZURKA in D flat, Opus 40, No. 1 — SCRIABIN
MAZURKA in F sharp, Opus 40, No. 2
POEME – NOCTURNE, Opus 61

L'ISLE JOYEUSE — DEBUSSY

Piano by YAMAHA

 ROYAL FESTIVAL HALL

Sunday 21 November 1993 at 3.00

VICTOR HOCHHAUSER
presents

SVIATOSLAV RICHTER

PROGRAMME

J.S. BACH
  Fantasia in C minor, BWV 921
  Prelude, Fugue and Allegro in Eb, BWV 998
  Fantasia, Adagio and Fugue in C minor, BWV 906/968

interval

BEETHOVEN
  Sonata No. 8 in C minor, Opus 13 (Pathétique)
   Grave – Allegro di molto e con brio
   Adagio cantabile
   Rondo: Allegro

SCHUBERT
  Fantasy in C, D.760 (Wanderer)
   Allegro con fuoco ma non troppo
   Adagio –
   Presto –
   Allegro

Piano – Yamaha CF IIIS

English Chamber Orchestra
Leader Stephanie Gonley
Principal Conductor Jeffrey Tate

SVIATOSLAV RICHTER *piano*
CHRISTOPH ESCHENBACH *conductor/piano*

Bach Suite No 3 in D, BWV1068
Bach Piano Concerto No 7 in G minor, BWV1058

INTERVAL

Bach Piano Concerto No 3 in D, BWV1054
Bach Concerto in C minor for two pianos, BWV1060

Presented in association with Victor Hochhauser Ltd
Sviatoslav Richter and Christoph Eschenbach play Yamaha CFIIIS Concert Grand Pianos

Tuesday 23 November 1993 at 7.30pm

Credits

Valuable help with the supply of
information or illustration material
came from

Kenzo Amoh	Richard Chlupaty
Siam Chowkwayun	Paul Geffen
Michael Gray	Syd Gray
Bill Holland	Ken Jagger
Bruce Morrison	Alan Newcombe
Tatsuro Ouchi	Brian Pinder
Ulf Scharlau	Hisashi Takei
Ates Tanin	Peter Taylor
Malcolm Walker	Urs Weber

Discographies by Travis & Emery:
Discographies by John Hunt.

1987: 978-1-906857-14-1: From Adam to Webern: the Recordings of von Karajan.
1991: 978-0-951026-83-0: 3 Italian Conductors and 7 Viennese Sopranos: 10 Discographies: Arturo Toscanini, Guido Cantelli, Carlo Maria Giulini, Elisabeth Schwarzkopf, Irmgard Seefried, Elisabeth Gruemmer, Sena Jurinac, Hilde Gueden, Lisa Della Casa, Rita Streich.
1992: 978-0-951026-85-4: Mid-Century Conductors and More Viennese Singers: 10 Discographies: Karl Boehm, Victor De Sabata, Hans Knappertsbusch, Tullio Serafin, Clemens Krauss, Anton Dermota, Leonie Rysanek, Eberhard Waechter, Maria Reining, Erich Kunz.
1993: 978-0-951026-87-8: More 20th Century Conductors: 7 Discographies: Eugen Jochum, Ferenc Fricsay, Carl Schuricht, Felix Weingartner, Josef Krips, Otto Klemperer, Erich Kleiber.
1994: 978-0-951026-88-5: Giants of the Keyboard: 6 Discographies: Wilhelm Kempff, Walter Gieseking, Edwin Fischer, Clara Haskil, Wilhelm Backhaus, Artur Schnabel.
1994: 978-0-951026-89-2: Six Wagnerian Sopranos: 6 Discographies: Frieda Leider, Kirsten Flagstad, Astrid Varnay, Martha Moedl, Birgit Nilsson, Gwyneth Jones.
1995: 978-0-952582-70-0: Musical Knights: 6 Discographies: Henry Wood, Thomas Beecham, Adrian Boult, John Barbirolli, Reginald Goodall, Malcolm Sargent.
1995: 978-0-952582-71-7: A Notable Quartet: 4 Discographies: Gundula Janowitz, Christa Ludwig, Nicolai Gedda, Dietrich Fischer-Dieskau.
1996: 978-0-952582-72-4: The Post-War German Tradition: 5 Discographies: Rudolf Kempe, Joseph Keilberth, Wolfgang Sawallisch, Rafael Kubelik, Andre Cluytens.
1996: 978-0-952582-73-1: Teachers and Pupils: 7 Discographies: Elisabeth Schwarzkopf, Maria Ivoguen, Maria Cebotari, Meta Seinemeyer, Ljuba Welitsch, Rita Streich, Erna Berger.
1996: 978-0-952582-77-9: Tenors in a Lyric Tradition: 3 Discographies: Peter Anders, Walther Ludwig, Fritz Wunderlich.
1997: 978-0-952582-78-6: The Lyric Baritone: 5 Discographies: Hans Reinmar, Gerhard Huesch, Josef Metternich, Hermann Uhde, Eberhard Waechter.
1997: 978-0-952582-79-3: Hungarians in Exile: 3 Discographies: Fritz Reiner, Antal Dorati, George Szell.
1997: 978-1-901395-00-6: The Art of the Diva: 3 Discographies: Claudia Muzio, Maria Callas, Magda Olivero.
1997: 978-1-901395-01-3: Metropolitan Sopranos: 4 Discographies: Rosa Ponselle, Eleanor Steber, Zinka Milanov, Leontyne Price.
1997: 978-1-901395-02-0: Back From The Shadows: 4 Discographies: Willem Mengelberg, Dimitri Mitropoulos, Hermann Abendroth, Eduard Van Beinum.
1997: 978-1-901395-03-7: More Musical Knights: 4 Discographies: Hamilton Harty, Charles Mackerras, Simon Rattle, John Pritchard.
1998: 978-1-901395-94-5: Conductors On The Yellow Label: 8 Discographies: Fritz Lehmann, Ferdinand Leitner, Ferenc Fricsay, Eugen Jochum, Leopold Ludwig, Artur Rother, Franz Konwitschny, Igor Markevitch.
1998: 978-1-901395-95-2: More Giants of the Keyboard: 5 Discographies: Claudio Arrau, Gyorgy Cziffra, Vladimir Horowitz, Dinu Lipatti, Artur Rubinstein.
1998: 978-1-901395-96-9: Mezzo and Contraltos: 5 Discographies: Janet Baker, Margarete Klose, Kathleen Ferrier, Giulietta Simionato, Elisabeth Hoengen.

1999: 978-1-901395-97-6: The Furtwaengler Sound Sixth Edition: Discography and Concert Listing.
1999: 978-1-901395-98-3: The Great Dictators: 3 Discographies: Evgeny Mravinsky, Artur Rodzinski, Sergiu Celibidache.
1999: 978-1-901395-99-0: Sviatoslav Richter: Pianist of the Century: Discography.
2000: 978-1-901395-04-4: Philharmonic Autocrat 1: Discography of: Herbert Von Karajan [Third Edition].
2000: 978-1-901395-05-1: Wiener Philharmoniker 1 - Vienna Philharmonic and Vienna State Opera Orchestras: Discography Part 1 1905-1954.
2000: 978-1-901395-06-8: Wiener Philharmoniker 2 - Vienna Philharmonic and Vienna State Opera Orchestras: Discography Part 2 1954-1989.
2001: 978-1-901395-07-5: Gramophone Stalwarts: 3 Separate Discographies: Bruno Walter, Erich Leinsdorf, Georg Solti.
2001: 978-1-901395-08-2: Singers of the Third Reich: 5 Discographies: Helge Roswaenge, Tiana Lemnitz, Franz Voelker, Maria Mueller, Max Lorenz.
2001: 978-1-901395-09-9: Philharmonic Autocrat 2: Concert Register of Herbert Von Karajan Second Edition.
2002: 978-1-901395-10-5: Sächsische Staatskapelle Dresden: Complete Discography.
2002: 978-1-901395-11-2: Carlo Maria Giulini: Discography and Concert Register.
2002: 978-1-901395-12-9: Pianists For The Connoisseur: 6 Discographies: Arturo Benedetti Michelangeli, Alfred Cortot, Alexis Weissenberg, Clifford Curzon, Solomon, Elly Ney.
2003: 978-1-901395-14-3: Singers on the Yellow Label: 7 Discographies: Maria Stader, Elfriede Troetschel, Annelies Kupper, Wolfgang Windgassen, Ernst Haefliger, Josef Greindl, Kim Borg.
2003: 978-1-901395-15-0: A Gallic Trio: 3 Discographies: Charles Muench, Paul Paray, Pierre Monteux.
2004: 978-1-901395-16-7: Antal Dorati 1906-1988: Discography and Concert Register.
2004: 978-1-901395-17-4: Columbia 33CX Label Discography.
2004: 978-1-901395-18-1: Great Violinists: 3 Discographies: David Oistrakh, Wolfgang Schneiderhan, Arthur Grumiaux.
2006: 978-1-901395-19-8: Leopold Stokowski: Second Edition of the Discography.
2006: 978-1-901395-20-4: Wagner Im Festspielhaus: Discography of the Bayreuth Festival.
2006: 978-1-901395-21-1: Her Master's Voice: Concert Register and Discography of Dame Elisabeth Schwarzkopf [Third Edition].
2007: 978-1-901395-22-8: Hans Knappertsbusch: Kna: Concert Register and Discography of Hans Knappertsbusch, 1888-1965. Second Edition.
2008: 978-1-901395-23-5: Philips Minigroove: Second Extended Version of the European Discography.
2009: 978-1-901395--24-2: American Classics: The Discographies of Leonard Bernstein and Eugene Ormandy.

Discography by Stephen J. Pettitt, edited by John Hunt:
1987: 978-1-906857-16-5: Philharmonia Orchestra: Complete Discography 1945-1987

Available from: Travis & Emery at 17 Cecil Court, London, UK. (+44) 20 7 240 2129. email on sales@travis-and-emery.com .

© Travis & Emery 2009

Music and Books published by Travis & Emery Music Bookshop:
Anon.: Hymnarium Sarisburiense, cum Rubricis et Notis Musicis.
Agricola, Johann Friedrich from Tosi: Anleitung zur Singkunst.
Bach, C.P.E.: edited W. Emery: Nekrolog or Obituary Notice of J.S. Bach.
Bateson, Naomi Judith: Alcock of Salisbury
Bathe, William: A Briefe Introduction to the Skill of Song
Bax, Arnold: Symphony #5, Arranged for Piano Four Hands by Walter Emery
Burney, Charles: The Present State of Music in France and Italy
Burney, Charles: The Present State of Music in Germany, The Netherlands ...
Burney, Charles: An Account of the Musical Performances ... Handel
Burney, Karl: Nachricht von Georg Friedrich Handel's Lebensumstanden.
Cobbett, W.W.: Cobbett's Cyclopedic Survey of Chamber Music. (2 vols.)
Corrette, Michel: Le Maitre de Clavecin
Crimp, Bryan: Dear Mr. Rosenthal ... Dear Mr. Gaisberg ...
Crimp, Bryan: Solo: The Biography of Solomon
d'Indy, Vincent: Beethoven: Biographie Critique
d'Indy, Vincent: Beethoven: A Critical Biography
d'Indy, Vincent: César Franck (in French)
Frescobaldi, Girolamo: D'Arie Musicali per Cantarsi. Primo & Secondo Libro.
Geminiani, Francesco: The Art of Playing the Violin.
Handel; Purcell; Boyce; Geene et al: Calliope or English Harmony: Volume First.
Häuser: Musikalisches Lexikon. 2 vols in one.
Hawkins, John: A General History of the Science and Practice of Music (5 vols.)
Herbert-Caesari, Edgar: The Science and Sensations of Vocal Tone
Herbert-Caesari, Edgar: Vocal Truth
Hopkins and Rimboult: The Organ. Its History and Construction.
Hunt, John: Adam to Webern: the recordings of von Karajan
Isaacs, Lewis: Hänsel and Gretel. A Guide to Humperdinck's Opera.
Isaacs, Lewis: Königskinder (Royal Children) A Guide to Humperdinck's Opera.
Kastner: Manuel Général de Musique Militaire
Lacassagne, M. l'Abbé Joseph : Traité Général des élémens du Chant.
Lascelles (née Catley), Anne: The Life of Miss Anne Catley.
Mainwaring, John: Memoirs of the Life of the Late George Frederic Handel
Malcolm, Alexander: A Treaty of Music: Speculative, Practical and Historical
Marx, Adolph Bernhard: Die Kunst des Gesanges, Theoretisch-Practisch
May, Florence: The Life of Brahms
May, Florence: The Girlhood Of Clara Schumann: Clara Wieck And Her Time.
Mellers, Wilfrid: Angels of the Night: Popular Female Singers of Our Time
Mellers, Wilfrid: Bach and the Dance of God
Mellers, Wilfrid: Beethoven and the Voice of God
Mellers, Wilfrid: Caliban Reborn - Renewal in Twentieth Century Music

Music and Books published by Travis & Emery Music Bookshop:
Mellers, Wilfrid: François Couperin and the French Classical Tradition
Mellers, Wilfrid: Harmonious Meeting
Mellers, Wilfrid: Le Jardin Retrouvé, The Music of Frederic Mompou
Mellers, Wilfrid: Music and Society, England and the European Tradition
Mellers, Wilfrid: Music in a New Found Land: ... ... American Music
Mellers, Wilfrid: Romanticism and the Twentieth Century (from 1800)
Mellers, Wilfrid: The Masks of Orpheus: ...... the Story of European Music.
Mellers, Wilfrid: The Sonata Principle (from c. 1750)
Mellers, Wilfrid: Vaughan Williams and the Vision of Albion
Panchianio, Cattuffio: Rutzvanscad Il Giovine
Pearce, Charles: Sims Reeves, Fifty Years of Music in England.
Playford, John: An Introduction to the Skill of Musick.
Purcell, Henry et al: Harmonia Sacra ... The First Book, (1726)
Purcell, Henry et al: Harmonia Sacra ... Book II (1726)
Quantz, Johann: Versuch einer Anweisung die Flöte traversiere zu spielen.
Rameau, Jean-Philippe: Code de Musique Pratique, ou Methodes.
Rastall, Richard: The Notation of Western Music.
Rimbault, Edward: The Pianoforte, Its Origins, Progress, and Construction.
Rousseau, Jean Jacques: Dictionnaire de Musique
Rubinstein, Anton : Guide to the proper use of the Pianoforte Pedals.
Sainsbury, John S.: Dictionary of Musicians. Vol. 1. (1825). 2 vols.
Serré de Rieux, Jean de : Les dons des Enfans de Latone
Simpson, Christopher: A Compendium of Practical Musick in Five Parts
Spohr, Louis: Autobiography
Spohr, Louis: Grand Violin School
Tans'ur, William: A New Musical Grammar; or The Harmonical Spectator
Terry, Charles Sanford: J.S. Bach's Original Hymn-Tunes for Congregational Use.
Terry, Charles Sanford: Four-Part Chorals of J.S. Bach. (German & English)
Terry, Charles Sanford: Joh. Seb. Bach, Cantata Texts, Sacred and Secular.
Terry, Charles Sanford: The Origins of the Family of Bach Musicians.
Tosi, Pierfrancesco: Opinioni de' Cantori Antichi, e Moderni
Van der Straeten, Edmund: History of the Violoncello, The Viol da Gamba ...
Van der Straeten, Edmund: History of the Violin, Its Ancestors... (2 vols.)
Waltern: Musikalisches Lexicon
Walther, J. G.: Musicalisches Lexikon ober Musicalische Bibliothec

Travis & Emery Music Bookshop
17 Cecil Court, London, WC2N 4EZ, United Kingdom.
Tel. (+44) 20 7240 2129
© Travis & Emery 2009

www.ingramcontent.com/pod-product-compliance
Lightning Source LLC
Chambersburg PA
CBHW052104230426
43671CB00011B/1929